PONS

DIE 1.000 WICHTIGSTEN WÖRTER

FRANZÖSISCH
GRUNDWORTSCHATZ

PONS GmbH
Stuttgart

VORWORT

Wussten Sie, dass 1.000 Wörter reichen, um die Sprache zu verstehen und einfache Gespräche zu führen?

Sprachwissenschaftler haben herausgefunden, dass Sie mit den 1.000 wichtigsten Wörtern bereits 80 % der Alltagssprache beherrschen.

In diesem Buch haben wir für Sie die 1.000 gebräuchlichsten französischen Wörter zusammengestellt. Dies sind die Wörter, die Sie wirklich brauchen, um sich in Alltagssituationen in der Fremdsprache verständigen zu können.

Wo auch immer Sie sind – ob im Flugzeug, am Strand der Côte d'Azure, in der Schule oder zu Hause auf dem Sofa – PONS „Die 1.000 wichtigsten Wörter" ist Ihr idealer Begleiter.

Beispielsätze zeigen Ihnen, wie Sie jedes Wort im Zusammenhang richtig anwenden. Formulierungen für erste Begegnungen finden Sie mit Hilfe dieses Buches ebenso schnell wie jedes französische Stichwort mit Hilfe des Glossars hinten im Buch. Die Wörter sind nach Themenbereichen geordnet – so tauchen Sie noch schneller in die Sprache ein.

Viel Erfolg und grenzenlose Unterhaltung im Französischen wünscht Ihnen

Ihre
PONS-Redaktion

LERNTIPPS 6

AUSSPRACHE 10

FAMILIE & FREUNDE 13
Ich heiße ... 14
Meine Familie 15
Meine lieben Freunde 18
Höfliches Benehmen 19
Freunde einladen und sich verabreden 20
Hallo und Auf Wiedersehen 22
Zwischenmenschliches 23
Miteinander reden 25

DIE WELT BESCHREIBEN 27
Eigenschaften 28
Gute Charaktereigenschaften 34
Schlechte Charaktereigenschaften 35
Schwarz, weiß und bunt 36
Rund und eckig 37

FREIZEIT & HOBBY 39
Entspannung und Spaß 40
Sport und Spiel 43

KÖRPER & GESUNDHEIT 45
In Bewegung 46
Der Mensch 47
Im Bad 49
Die Körperteile 51
Die Sinne 54
Gesundheit und Krankheit 55

GEFÜHLE & EMOTIONEN 59
Über Gefühle sprechen 60
Positive Gefühle 61
Negative Gefühle 63

KOCHEN & GENIESSEN 65
Kochen, backen und verzehren 66
Lebensmittel 67
Getränke 69
Im Restaurant 71

MODE & SCHÖNHEIT 73
Gut angezogen 74
Schuhe und Accessoires 76

SHOPPEN & EINKAUFEN 77
Einkaufen 78
Bezahlen 79

WOHNEN & LEBEN 81
Aktivitäten im Alltag 82
Mein Zuhause 84

NATUR & UMWELT 89
Wald und Feld 90
Tiere und Pflanzen 91
Wetter und Klima 92
Die Jahreszeiten 94
Die Himmelsrichtungen 94

RAUM & ZEIT 95
Ort und Richtung 96
Die Uhrzeit 98
Die Tageszeiten 99
Die Wochentage 100
Die Monate 101
Weitere Zeitbegriffe 102

SCHULE & JOB 107
Der Job 108
Schule und Ausbildung 109

GESELLSCHAFT & POLITIK 113

In der Gesellschaft leben 114
Feste und Feiertage 116

MEDIEN & KOMMUNIKATION 117

Internet, Telefon und Computer 118
Post und E-Mail 119
Presse, Radio und Fernsehen 120

TRANSPORT, VERKEHR & REISEN 121

Mit öffentlichen Verkehrsmitteln 122
Im Straßenverkehr 123
Auf Reisen 126

ZAHLEN & FAKTEN 131

Die Grundzahlen 132
Die Ordnungszahlen 133
Mengen und Gewichte 134

WICHTIGE SATZBAUSTEINE 137

Artikel 138
Modal- und Hilfsverben 138
Personal- und Possessivpronomen 139
Pronomen 140
Stellung nehmen 141
Strukturwörter 142
Konjunktionen 146
Präpositionen 147
Wichtige Verben 149

GLOSSAR 151

LERNTIPPS

Mit den folgenden 25 Lerntipps lernen Sie schnell und effizient Französisch.

ALLGEMEIN

1. Vokabeln lernen
Lernen Sie in kleinen Portionen: Prägen Sie sich zunächst nur 4 oder 5 Wörter und Beispielsätze ein, die Ihnen wichtig oder schön erscheinen. Wenn Sie diese beherrschen, lernen Sie die nächsten 4 oder 5 Wörter.

2. Lieber täglich ein bisschen als gelegentlich viel
Wenn Sie täglich 15 Minuten intensiv üben, dann wird es mit der Zeit zur Gewohnheit und Sie üben automatisch immer wieder. Und ganz nebenbei trainieren Sie so auch Ihre Konzentrationsfähigkeit.

3. Eine Auswahl treffen
Wählen Sie vor allem die Wörter aus, die für Sie persönlich wichtig sind, z. B. die Freizeitbeschäftigungen, denen Sie besonders gerne nachgehen. Lernen Sie diese Vokabeln mit den dazugehörigen Beispielsätzen. So können Sie die alltägliche Kommunikation meistern.

4. Lernen Sie schwierige Vokabeln in ganzen Sätzen
Lernen Sie die Vokabeln immer mit den dazugehörigen Beispielsätzen statt völlig isoliert. Auf diese Weise können Sie sie im Kontext benutzen und einfacher verknüpfen.

5. Farblich markieren
Das farbliche Hervorheben von Textstellen oder Wörtern kann beim Erlernen einer Fremdsprache sehr hilfreich sein, da es ermöglicht, verschiedene Aspekte der Sprache gezielt zu üben.

6. Wortfamilien lernen
Beim Lernen von Vokabeln ist es hilfreich, Wörter einer Wortfamilie zu sammeln. Diese können Sie sich dann viel leichter merken. Versuchen Sie also immer wieder, sich von Adjektiven, Adverbien oder Verben die verwandten Substantive abzuleiten bzw. umgekehrt.

7. Memorieren

Es führt kein Weg daran vorbei, Wörter auswendig zu lernen. Daher ist es sinnvoll, dieses Buch überall hin mitzunehmen. So haben Sie die Möglichkeit, jederzeit nachzuschlagen und nebenher im Bus, in der Bahn, im Park oder zu Hause auf dem Sofa Vokabeln zu lernen.

8. Mit allen Sinnen lernen

Sprechen Sie beim Lernen so viele Sinne wie möglich an:
- Schreiben Sie die Vokabeln auf ein Blatt.
- Lesen Sie sich die Wörter und Beispielsätze laut vor und üben Sie so Ihre Aussprache.
- Gibt es zu den Vokabeln passende optische Eindrücke, Gerüche, Geschmäcke, Geräusche oder eine bestimmte Empfindung beim Berühren? Stellen Sie sich diese zusammen mit den Vokabeln vor.

9. Sich Ausdrücke bildlich vorstellen

Viele Leute prägen sich neue Wörter schneller und besser ein, wenn sie diese mit einem Bild verknüpfen. Probieren Sie aus, ob Ihnen diese Methode auch hilft!

10. Thematische Verbindung

Die Lernforschung hat gezeigt, dass das menschliche Gehirn sich thematisch miteinander verbundene Stichwörter besser merken kann.

11. Den Wortschatz festigen

Für Lernende auf allen Niveaustufen ist es wichtig, den bereits gelernten Wortschatz regelmäßig zu wiederholen, um ihn dauerhaft zu festigen. Nehmen Sie sich 10 Minuten Zeit zum Wiederholen. Freuen Sie sich über die Vokabeln, die hängen geblieben sind!

AUSSPRACHE

12. Wörter aussprechen

Wenn Sie französische Wörter und Sätze lesen, sprechen Sie sie dabei aus – ein leises Murmeln genügt. So gewöhnen Sie sich daran, sich selbst Französisch sprechen zu hören – und wenn es wirklich darauf ankommt, fällt es Ihnen leichter.

13. Richtig betonen
Beim Lernen von Wörtern ist es wichtig, die richtige Betonung immer gleich mitzulernen. Sie finden sie in der Phonetikangabe direkt beim Stichwort. Um sich die Betonung besser einzuprägen, unterstreichen Sie die betonte Silbe zusätzlich im Buch. Sprechen Sie die Wörter laut nach und klopfen Sie bei der betonte Silbe auf den Tisch.

14. Sprechen Sie zu Ihrem Spiegelbild
Leider hat kaum jemand von uns ständig einen Muttersprachler zum Praktizieren der neuen Fremdsprache an seiner Seite. Deshalb: Sprechen Sie zu sich selbst, z. B. im Bad vor dem Spiegel. Indem Sie die Wörter laut aussprechen, bekommen Sie ein Gefühl für die Sprache und üben gleichzeitig das Bilden von Sätzen.

IM ALLTAG LERNEN

15. Kleine „Denkzettel"
Wie wäre es, wenn Sie Wörter aus dem täglichen Leben auf selbstklebende Zettel notieren und sie dann an den entsprechenden Gegenständen befestigen, wie z. B. an den Türen von jedem Zimmer oder an den Möbeln? So sehen und üben Sie die neuen Wörter immer wieder!

16. Französisch üben im Alltag
Üben Sie Ihr Französisch in vielen Bereichen des täglichen Lebens. Versuchen Sie mal, wenn Sie das nächste Mal Einkaufen gehen, Ihren Einkaufszettel auf Französisch zu schreiben. Sie werden sehen, wie viele Wörter Sie schon kennen!

17. Zahlen
Zahlen begegnen uns in vielen Alltagssituationen. Damit Sie sich z. B. Zahlen besser merken, zählen Sie die Stockwerke im Aufzug oder sagen Sie Ihre Telefonnummer auf.

18. Wochentage
Tragen Sie sich in Ihren Kalender die Wochentage auf Französisch ein! An welchen Wochentagen haben Sie Ihre Termine? Lassen Sie sich diese auf Französisch durch den Kopf gehen.

19. Stammbaum

Zeichnen Sie Ihren eigenen Stammbaum und schreiben Sie die Verwandtschaftsbezeichnungen auf Französisch zu den jeweiligen Familienmitgliedern.

20. Assoziationen

Assoziieren Sie Ihre Freunde mit deren Eigenschaften, Hobbys, Lieblingsfarben oder ihrem Herkunftsland. So lassen sich neue Wörter leicht merken!

21. Über den Beruf sprechen

Bereiten Sie sich auf eine entsprechende Gesprächssituation vor: Suchen Sie, wenn nötig, im Wörterbuch die französische Übersetzung für Ihren Job. Notieren Sie sich hilfreiche Wendungen, z. B.: Quelle est votre profession? – Je suis ...

22. Neue Vokabeln erschließen

In vielen Situationen werden Sie auf Wörter treffen, die Ihnen nicht bekannt sind. Versuchen Sie mit Hilfe des schon bekannten Wortschatzes und visueller Information die Bedeutung des Textes zu erschließen. Es ist viel leichter, als Sie denken!

23. Häufige Sätze und Fragen

Die Sätze und Fragen, die Sie gelernt haben, werden sehr häufig gebraucht. Daher ist es sinnvoll, wenn Sie versuchen, ein paar davon auswendig zu lernen. Schreiben Sie einige dieser Sätze heraus und hängen Sie sie z. B. an den Spiegel, die Kühlschranktür oder einen anderen Ort, wo Sie sie häufig sehen.

24. Sich neue Wörter einprägen

Schreiben Sie unbekannte Wörter auf kleine Karteikarten. Das französische Wort können Sie auf die eine Seite schreiben, die deutsche Übersetzung auf die andere. Wenn Sie sich die Wörter eingeprägt haben, legen Sie die Karteikarten zunächst zur Seite. Zur Kontrolle schauen Sie sich die Kärtchen eine Woche später wieder an, um zu sehen, welche Vokabeln Sie sich gemerkt haben.

25. Gemeinsam lernt es sich besser!

Finden Sie einen Freund oder Mitschüler, der ebenfalls Französisch lernen möchte. Fragen Sie sich gegenseitig ab und üben Sie gemeinsam. Loben Sie sich gegenseitig für Ihre Fortschritte und feiern Sie Ihre Erfolge!

AUSSPRACHE

[a]	wie das deutsche **a**	**madame, la salle, là**
[ɑ]	hinteres **a**, etwa wie in **Rahm**	**bas, théâtre**
[e]	geschlossenes **e**, etwa wie in **geben**	**café, manger, regardez**
[ɛ]	offenes **ä**, etwa wie in **Ärger**	**lait, il met, il est, merci**
[i]	geschlossener als das deutsche **i**	**il, l'amie, papy**
[ɔ]	offenes **o**, offener als in **Pforte**	**la porte, Paul, sortie**
[o]	geschlossenes **o**, wie in **Rose**	**mot, bientôt, aussi, eau**
[ø]	geschlossenes **ö**, etwa wie in **böse**	**un peu, deux**
[œ]	offenes **ö**, bei kurzem Vokal, etwa wie in **Röcke**	**neuf, sœur**
[ə]	der Laut liegt zwischen [œ] und [ø], näher bei [ø]	**le, ce**
[u]	geschlossenes **u**, etwa wie in **Ufer**	**ou, où, bonjour**
[y]	ähnlich dem deutschen **ü** in **Tür**	**tu, rue, salut**
[ɛ̃]	nasales [ɛ], offener als das deutsche [ɛ̃] in **Cousin**	**enfin, faim, plein, bien**
[ɔ̃]	nasales [o], etwa wie in **Bonbon**	**bon, montre, il tombe**
[ɑ̃]	nasales [a], etwa wie in **Restaurant**	**dans, je prends**
[œ̃]	nasales [œ], etwa wie in **Parfum**	**un, brun**
[j]	weicher als das deutsche **j**	**famille, travail, pied, yeux**

[w]	flüchtiger [u]-Laut, bildet keine Silbe, gehört zum folgenden Vokal	**oui, poisson**
[ɥ]	flüchtiger [y]-Laut, gehört zum folgenden Vokal	**cuisine, je suis, huit**
[f]	wie das deutsche **f** in **Fibel, Philosophie** etc.	**frère, pharmacie**
[v]	wie das deutsche **w** in **werden**	**savon, il arrive**
[s]	stimmloses, d. h. hartes **s**, wie z. B. in **Los**	**sœur, Pascal, c'est, garçon, tasse, attention**
[z]	stimmhaftes, d. h. weiches **s**, wie in **summen**	**maison, chaise, zéro**
[ʃ]	stimmloses **sch** wie in **schön**	**chaise, je cherche**
[ʒ]	stimmhaftes **sch** wie in **Journalist**	**je, bonjour, étage**
[ɲ]	etwa wie in **Kognak**	**montagne, il gagne**
[ŋ]	in manchen Wörtern aus dem Englischen	**camping, parking**

Die nicht erwähnten Konsonanten sind den deutschen sehr ähnlich.

ICH HEISSE ...

MEINE FAMILIE

MEINE LIEBEN FREUNDE

HÖFLICHES BENEHMEN

FREUNDE EINLADEN UND SICH VERABREDEN

HALLO UND AUF WIEDERSEHEN

ZWISCHENMENSCHLICHES

MITEINANDER REDEN

ICH HEISSE ...

l'**adresse** [adʀɛs]
die **Adresse**
→ Je vous donne mon adresse. - *Ich gebe Ihnen / euch meine Adresse.*

l'**âge** [ɑʒ]
das **Alter**
→ Vous avez quel âge ? - *Wie alt sind Sie / seid ihr?*

l'**anniversaire** [anivɛʀsɛʀ]
der **Geburtstag**
→ Le 10 avril, c'est mon anniversaire. - *Am 10. April habe ich Geburtstag.*

jeune [ʒœn]
jung
→ Elle est vraiment très jeune. - *Sie ist wirklich sehr jung.*

le **nom** [nɔ̃]
der **Name**
→ Quel est ton nom ? - *Wie ist dein Name?*

le **numéro (de téléphone)** [nymeʀo]
die **Telefon(nummer)**
→ Quel est votre numéro de téléphone ? - *Wie ist Ihre / eure Telefonnummer?*

rencontrer [ʀɑ̃kɔ̃tʀe]
kennenlernen
→ Ils se sont rencontrés à une fête. - *Sie haben sich bei einer Feier kennengelernt.*

s'appeler [saple]
heißen
→ Je m'appelle Robert Ducros. - *Ich heiße Robert Ducros.*

vieux [vjø], **vieille**
alt
→ Mon grand-père est déjà très vieux, il a 90 ans. - *Mein Großvater ist schon sehr alt, er ist 90.*

MEINE FAMILIE

la famille [famij]
die **Familie**
→ Elle va passer les fêtes de fin d'année dans sa famille. – *Sie wird die Feiertage Ende des Jahres bei ihrer Familie verbringen.*

la mère [mɛʀ]
die **Mutter**
→ Elle est mère de deux enfants. – *Sie ist Mutter von zwei Kindern.*

la maman [mamɑ̃]
die **Mama**
→ Il aime beaucoup sa maman. – *Er liebt seine Mama sehr.*

le père [pɛʀ]
der **Vater**
→ Il est père de trois enfants. – *Er ist Vater dreier Kinder.*

le papa [papa]
der **Papa**
→ Son papa vient la chercher à la sortie de l'école. – *Ihr Papa holt sie nach Schulschluss ab.*

les parents [paʀɑ̃]
die **Eltern**
→ Ses parents sont à la retraite. – *Seine / Ihre Eltern sind in Rente.*

le bébé [bebe]
das **Baby**
→ Elle attend un bébé pour juin. – *Sie erwartet im Juni ein Baby.*

la fille [fij]
die **Tochter**
→ Sa fille cadette se mariera samedi prochain. – *Ihre jüngste Tochter heiratet kommenden Samstag.*

le fils [fis]
der **Sohn**
→ Elle est venue avec son fils et sa fille. – *Sie kam mit ihrem Sohn und ihrer Tochter.*

la sœur [sœʀ]
die **Schwester**
→ Il s'entend bien avec sa sœur aînée. – *Er versteht sich gut mit seiner älteren Schwester.*

le frère [fʀɛʀ]
der **Bruder**
→ Elle a deux frères et une sœur. – *Sie hat zwei Brüder und eine Schwester.*

les **grands-parents** [gʀɑ̃paʀɑ̃]
die **Großeltern**
→ Il aime aller chez ses grands-parents en vacances. – *Er besucht in den Ferien gerne seine Großeltern.*

la **mamie** [mami]
die **Oma**
→ Les mamies sont plus indulgentes que les mamans. – *Omas sind nachsichtiger als Mamas.*

le **papy** [papi]
der **Opa**
→ Mon papy me raconte toujours une histoire le soir. – *Mein Opa erzählt mir abends immer eine Geschichte.*

le **petit-fils** [p(ə)tifis]
der **Enkel**
→ Le grand-père est fier de son petit-fils. – *Der Großvater ist stolz auf seinen Enkel.*

la mamie ≠ die Mami
le papi ≠ der Papi

Stefan besucht während der Ferien seinen Brieffreund Laurent in der Bretagne. Stefan ist müde von der Fahrt und die beiden ruhen sich im Wohnzimmer vor dem Fernseher aus, als Laurents Großeltern vorbeischauen. Laurent stellt sie Stefan vor: « Voilà, ma mamie et mon papi. » Stefan schaut verwundert und sagt ganz leise: « Ils sont très vieux. » Das ärgert Laurent. Am Abend kommen Laurents Eltern von der Arbeit heim. Laurent begrüßt sie: « Salut maman, salut papa. Stefan est arrivé cet après-midi et mamie et papi sont venus pour le dîner. » Stefan ist verwirrt und nimmt Laurent zur Seite: « Mais, je croyais que mamie et papi étaient tes parents. » Jetzt lacht Laurent: « Non, non, mamie et papi sont mes grands-parents, mes parents, ce sont papa et maman. »

! Da ist Stefan gleich am ersten Tag seines Besuchs ins Fettnäpfchen getapst. **La mamie et le papi** sind *Oma und Opa*, **la maman et le papa** sind *Mama und Papa*.

la **petite-fille** [p(ə)titfij]
die **Enkelin**
→ Elle est grand-mère d'une petite-fille de trois ans. – *Sie ist Großmutter einer dreijährigen Enkelin.*

la **tante** [tɑ̃t]
die **Tante**
→ Il dîne tous les samedis avec sa tante. – *Er isst jeden Samstag mit seiner Tante zu Abend.*

l'**oncle** [ɔ̃kl]
der **Onkel**
→ Est-ce que ton oncle viendra au mariage ? – *Wird dein Onkel zur Hochzeit kommen?*

le **cousin** [kuzɛ̃],
la **cousine**
der **Cousin**, die **Cousine**
→ Ma cousine vit au Brésil. – *Meine Cousine lebt in Brasilien.*

le **mariage** [maʀjaʒ]
die **Hochzeit**
→ Ils nous ont invités à leur mariage. – *Sie haben uns zu ihrer Hochzeit eingeladen.*

marié [maʀje],
mariée
verheiratet
→ Vous êtes marié ou célibataire ? – *Sind Sie verheiratet oder ledig?*

la **femme** [fam]
die **Ehefrau**
→ Il a une jeune femme charmante. – *Er hat eine bezaubernde junge Ehefrau.*

le **mari** [maʀi]
der **Ehemann**
→ Elle accompagne son mari dans toutes les cérémonies officielles. – *Sie begleitet ihren Ehemann zu allen offiziellen Festlichkeiten.*

célibataire [selibatɛʀ]
ledig
→ Il préfère rester célibataire. – *Er bleibt lieber ledig.*

divorcé [divɔʀse],
divorcée
geschieden
→ Il est divorcé depuis deux ans déjà. – *Er ist schon seit zwei Jahren geschieden.*

MEINE LIEBEN FREUNDE

l'ami [ami], **l'amie**
der **Freund**, die **Freundin**
→ C'est un vieil ami de famille. – *Das ist ein alter Freund der Familie.*

l'amitié [amitje]
die **Freundschaft**
→ Notre amitié dure depuis l'école primaire. – *Unsere Freundschaft besteht seit der Grundschulzeit.*

la **connaissance** [kɔnɛsɑ̃s]
die **Bekanntschaft**
→ Hier, je suis allé au restaurant avec une vieille connaissance. – *Ich bin gestern mit einer alten Bekannten essen gegangen.*

le **copain** [kɔpɛ̃], la **copine**
der **Freund**, die **Freundin**
→ Elle a rencontré son copain l'été dernier. – *Sie lernte ihren Freund letzten Sommer kennen.*

le **couple** [kupl]
das **Paar**
→ Il loue son appartement à un jeune couple. – *Er vermietet seine Wohnung an ein junges Paar.*

les **deux** [dø]
beide
→ Les deux amis ont repris l'entreprise. – *Die beiden Freunde haben das Unternehmen weitergeführt.*

ensemble [ɑ̃sɑ̃bl]
zusammen
→ On regarde une vidéo ensemble ? – *Schauen wir uns zusammen ein Video an?*

le **groupe** [gʀup]
die **Gruppe**
→ Nous voyageons avec un groupe de dix personnes environ. – *Wir reisen mit einer Gruppe von ca. zehn Leuten.*

HÖFLICHES BENEHMEN

demander [d(ə)mɑ̃de]
fragen; bitten
→ Il m'a demandé si j'habitais en Allemagne. – *Er hat mich gefragt, ob ich in Deutschland wohne.*

désolé ! [dezɔle], **désolée !**
es tut mir leid!
→ Désolé, je ne peux pas vous aider. – *Es tut mir leid, ich kann Ihnen nicht helfen.*

excuser [ɛkskyze]
entschuldigen
→ Excusez-moi. – *Entschuldigen Sie (mich).*

merci [mɛʀsi]
danke
→ Merci monsieur, c'est très gentil. – *Danke der Herr, das ist sehr freundlich.*

pardon [paʀdɔ̃]
Entschuldigung
→ Pardon Monsieur, quelle heure est-il, s'il vous plaît ? – *Entschuldigung der Herr, wie viel Uhr ist es bitte?*

permettre [pɛʀmɛtʀ]
erlauben
→ Ils ont permis à leur fils de rentrer tard le samedi soir. – *Sie haben ihrem Sohn erlaubt, am Samstagabend spät nach Hause zu kommen.*

la **question** [kɛstjɔ̃]
die **Frage**
→ Vous pouvez répéter la question ? Je n'ai pas bien compris. – *Können Sie bitte die Frage wiederholen? Ich habe sie nicht recht verstanden.*

Très bien !
Wie schön!

C'est formidable !
Das ist wunderbar!

J'aimerais mieux ...
Ich möchte lieber ...

Oui, je veux bien.
Ja, bitte.

Non, merci !
Nein, danke.

Vous permettez ?
Gestatten Sie?

Pourriez-vous me dire, ... ?
Könnten Sie mir sagen, ...?

Je vous en prie.
Gern geschehen.

C'est très gentile de ta part !
Das ist sehr nett von dir!

De rien.
Bitte sehr.

le **remerciement** [ʀ(ə)mɛʀsimɑ̃]
der **Dank**
→ Il nous a envoyé un petit mot de remerciement. – *Er hat uns ein kleines Dankesschreiben geschickt.*

remercier [ʀ(ə)mɛʀsje]
danken
→ Elle les a remerciés pour leur invitation. – *Sie hat ihnen für ihre Einladung gedankt.*

s'il vous plaît [silvuplɛ]
bitte
→ Un peu de silence, s'il vous plaît ! – *Etwas Ruhe, bitte!*

FREUNDE EINLADEN UND SICH VERABREDEN

apporter [apɔʀte]
mitbringen
→ Il lui apporte toujours des fleurs quand il vient la voir. – *Er bringt ihr immer Blumen mit, wenn er sie besuchen kommt.*

le **cadeau** [kado]
das **Geschenk**
→ J'ai un cadeau d'anniversaire pour toi. – *Ich habe ein Geburtstagsgeschenk für dich.*

l'**invitation** [ɛ̃vitasjɔ̃]
die **Einladung**
→ Ils ont accepté leur invitation à déjeuner. – *Sie haben ihre Einladung zum Mittagessen angenommen.*

l'**invité** [ɛ̃vite], l'**invitée**
der **Gast**
→ Elle reçoit les invités au salon. – *Sie empfängt die Gäste im Wohnzimmer.*

inviter [ɛ̃vite]
einladen
→ Elle a invité tous ses amis à son anniversaire. – *Sie hat alle ihre Freunde zum Geburtstag eingeladen.*

offrir [ɔfʀiʀ]
anbieten; schenken
→ Qu'est-ce que je peux vous offrir à boire ? – *Was kann ich euch zu trinken anbieten?*

rencontrer [ʀɑ̃kɔ̃tʀe]
treffen
→ Je l'ai rencontré en faisant les courses. – *Ich habe ihn beim Einkaufen getroffen.*

le **rendez-vous** [ʀɑ̃devu]
der **Treffpunkt**
→ Le café près de l'église est le rendez-vous des jeunes du village. – *Das Café nahe der Kirche ist der Treffpunkt für die jungen Leute aus dem Dorf.*

la **visite** [vizit]
der **Besuch**
→ Ne le dérangez pas, il a de la visite. – *Stören Sie ihn nicht, er hat Besuch.*

le **visiteur** [vizitœʀ],
la **visiteuse**
der **Besucher**,
die **Besucherin**
→ Elle a accueilli les visiteurs dans le hall d'entrée. – *Sie empfing die Besucher in der Eingangshalle.*

le rendez-vous ≠ das Rendezvous

Zwei Freundinnen – Marie eine Französin, Eva eine Deutsche – treffen sich zum Kaffee. Marie: « Je suis désolée. Je n'ai pas beaucoup de temps aujourd'hui parce que j'ai rendez-vous chez mon gynécologue à 16 heures. » Eva schaut verwundert und fragt verdutzt nach: « Comment ? Tu ne m'as jamais parlé de lui... » Marie antwortet: « Mais pourquoi ça ? Il n'est pas vraiment exceptionel. » Eva versteht nicht: « Mais pourquoi as-tu rendez-vous avec lui, si tu ne l'aimes pas ? » Jetzt lacht Marie und klärt Eva auf: « Non, je ne suis pas amoureuse de mon gynécologue. J'ai seulement rendez-vous chez lui pour un examen. »

! **Le rendez-vous** ist im Französischen einfach *ein (offizieller) neutraler Termin*, während **Rendezvous** im Deutschen nur als *Verabredung unter Verliebten* gebraucht wird.

HALLO UND AUF WIEDERSEHEN

au revoir [ɔʀəvwaʀ]
auf Wiedersehen
→ J'ai oublié de leur dire au revoir. – *Ich habe vergessen ihnen auf Wiedersehen zu sagen.*

le **baiser** [beze]
der **Kuss**
→ Elle lui a fait un baiser sur la joue. – *Sie gab ihm / ihr einen Kuss auf die Wange.*

À bientôt !
Bis bald!

À tout à l'heure !
Bis später!

À demain !
Bis morgen!

Bonjour !
Guten Morgen!

Bonjour !
Guten Tag!

Bonsoir !
Guten Abend!

Bonne nuit !
Gute Nacht!

Salut !
Tschüss!

Bon voyage !
Gute Reise!

le **bonjour** [bɔ̃ʒuʀ]
der **Gruß**
→ Donne le bonjour à ton mari. – *Richte deinem Mann einen schönen Gruß aus.*

bonjour [bɔ̃ʒuʀ]
Guten Tag / Morgen
→ Bonjour, Monsieur Martin. – *Guten Tag, Herr Martin!*

embrasser [ɑ̃bʀase]
küssen
→ Il l'a embrassée tendrement. – *Er küsste sie zärtlich.*

présenter [pʀezɑ̃te]
vorstellen
→ Je te présente Marie. – *Ich stelle dir Marie vor.*

saluer [salɥe]
grüßen
→ Tu salueras ta femme de ma part. – *Grüß deine Frau von mir.*

salut [saly]
hallo; tschüss
→ Salut, comment vas-tu ? – *Hallo, wie geht es dir?*

ZWISCHENMENSCHLICHES

appartenir [apaʀtəniʀ]
gehören
→ Le vélo appartient à ce garçon. – *Das Fahrrad gehört diesem Jungen.*

appeler [aple]
rufen
→ Tu pourrais répondre quand je t'appelle ! – *Du könntest antworten, wenn ich dich rufe!*

apprendre [apʀɑ̃dʀ]
erfahren
→ Nous avons appris la nouvelle à la radio. – *Wir haben die Neuigkeit aus dem Radio erfahren.*

l'**avis** [avi]
die **Meinung**
→ Quel est votre avis ? – *Welcher Meinung sind Sie?*

cher [ʃɛʀ], **chère**
lieber, liebe
→ Chère Irène, Je t'écris pour te donner de nos nouvelles... – *Liebe Irene, ich schreibe Dir, um Dir unsere Neuigkeiten mitzuteilen...*

connaître [kɔnɛtʀ]
kennen
→ Elle ne connaît pas ses voisins de palier. – *Sie kennt die Nachbarn auf ihrer Etage nicht.*

le **conseil** [kɔ̃sɛj]
der **Rat**
→ Elle lui a donné un bon conseil. – *Sie hat ihm / ihr einen guten Rat gegeben.*

déranger [deʀɑ̃ʒe]
stören
→ Cela vous dérange si j'ouvre la fenêtre ? – *Stört es Sie, wenn ich das Fenster öffne?*

dire [diʀ]
sagen
→ Elle n'a pas dit la vérité. – *Sie hat nicht die Wahrheit gesagt.*

écouter [ekute]
zuhören
→ Elle est distraite, elle n'écoute pas quand on lui parle. – *Sie ist zerstreut, sie hört nicht zu, wenn man mit ihr redet.*

l'**occasion** [ɔkazjɔ̃]
die **Gelegenheit**
→ Je n'ai jamais eu l'occasion de le rencontrer. – *Ich hatte nie die Gelegenheit, ihn kennen zu lernen.*

privé [pʀive], **privée**
privat
→ Il s'agit d'une affaire privée. – *Es handelt sich um eine private Angelegenheit.*

la **raison** [ʀɛzɔ̃]
der **Grund**
→ Tu n'as aucune raison de mentir. – *Du hast keinen Grund zu lügen.*

rappeler [ʀap(ə)le]
erinnern
→ Je vous rappelle notre réunion à 14 heures. – *Ich erinnere Sie an unsere Versammlung um 14 Uhr.*

se comporter [səkɔ̃pɔʀte]
sich verhalten
→ Les enfants se sont bien comportés pendant la cérémonie. – *Die Kinder haben sich während der Feierlichkeit gut benommen.*

se disputer [sədispyte]
sich streiten
→ Les voisins se sont disputés à cause du bruit. – *Die Nachbarn haben sich wegen des Lärms gestritten.*

la pile ≠ die Pille

Barbara, eine deutsche Studentin, verbringt ein Auslandssemester an der Sorbonne in Paris. Sie hat sich in einen jungen Franzosen verliebt und die beiden gehen miteinander. Deshalb hat sie einen Termin beim Frauenarzt ausgemacht: « J'ai besoin de la pile. » – « Mademoiselle, je suis désolé. Je n'ai pas de pile. Mais, il a y un magasin juste à côté où vous pouvez acheter des piles. » Barbara wundert sich, verlässt die Arztpraxis und geht in den Laden. « Monsieur, je voudrais la pile, s'il vous plaît. » Der Verkäufer zeigt ihr verschiedene. Barbara ist genervt: « Non, j'ai besoin de la pile pour ne pas tomber enceinte. » – « Ah, Mademoiselle, je pense que vous voulez la pilule. Mais là, vous devez d'abord aller chez un gynécologue et après à la pharmacie. »

! Barbara hätte sich viel Zeit sparen können. Aber sie hat beim Frauenarzt nach **la pile** = *die Batterie* gefragt, statt **la pilule** = *die Pille* zu verlangen. So ist das Missverständnis entstanden.

croire [kRwaR]
glauben
→ Tu n'as pas cru cette histoire, j'espère ? – *Ich hoffe, du hast diese Geschichte nicht geglaubt?*

la **distraction** [distRaksjɔ̃]
die **Unterhaltung**
→ Après une longue journée de travail, il a besoin de distraction. – *Nach einem langen Arbeitstag braucht er Abwechslung.*

l'**idée** [ide]
die **Idee**
→ C'est une excellente idée de les inviter à dîner. – *Es ist eine hervorragende Idee, sie zum Abendessen einzuladen.*

interdire [ɛ̃tɛRdiR]
verbieten
→ Il a interdit à ses enfants de sortir le soir. – *Er hat seinen Kindern verboten, am Abend auszugehen.*

la **lettre** [lɛtR]
der **Buchstabe**
→ Il y a vingt-six lettres dans l'alphabet français. – *Es gibt 26 Buchstaben im französischen Alphabet.*

le **mensonge** [mɑ̃sɔ̃ʒ]
die **Lüge**
→ Il ne dit que des mensonges. – *Er gibt nur Lügen von sich.*

mentir [mɑ̃tiR]
lügen
→ Cet enfant ment tout le temps. – *Dieses Kind lügt die ganze Zeit.*

le **mot** [mo]
das **Wort**
→ Il cherche le sens des mots dans le dictionnaire. – *Er sucht die Wortbedeutungen im Wörterbuch.*

parler [paRle]
sprechen; reden
→ Je n'ai pas pu lui parler, il était trop occupé. – *Ich konnte nicht mit ihm sprechen, er war zu beschäftigt.*

penser [pɑ̃se]
denken; meinen
→ Elle pense qu'on peut y arriver facilement. – *Sie meint, dass man es leicht zu etwas bringen kann.*

la **phrase** [fRaz]
der **Satz**
→ Il ne finit jamais ses phrases. – *Er beendet nie seine Sätze.*

le **problème** [pʀɔblɛm]
das **Problem**
→ Il faut régler le problème au plus vite. – *Wir müssen das Problem schnellstmöglich lösen.*

promettre [pʀɔmɛtʀ]
versprechen
→ Il a promis à son voisin de l'aider à tailler la haie. – *Er hat seinem Nachbarn versprochen, beim Schneiden der Hecke zu helfen.*

Bon. / Bien.
Gut.

Tout à fait.
Richtig.

D'accord !
Abgemacht!

Exactement.
Genau!

Vraiment ?
Wirklich?

En aucun cas !
Auf gar keinen Fall!

Je comprends.
Ich verstehe.

Sans moi !
Ohne mich!

Tout à fait de votre avis.
Ganz Ihrer Meinung.

proposer [pʀɔpoze]
vorschlagen
→ Je propose que nous nous réunissions en fin de semaine. – *Ich schlage vor, dass wir Ende dieser Woche zusammenkommen.*

la **proposition** [pʀɔpozisjɔ̃]
der **Vorschlag**
→ Le directeur a accepté notre proposition. – *Der Direktor hat unseren Vorschlag angenommen.*

raconter [ʀakɔ̃te]
erzählen
→ Il raconte souvent des histoires à ses petits-enfants. – *Er erzählt seinen Enkelkindern oft Geschichten.*

répéter [ʀepete]
wiederholen
→ Vous pouvez répéter la question, s'il vous plaît ? – *Können Sie die Frage bitte wiederholen?*

la **réponse** [ʀepɔ̃s]
die **Antwort**
→ Il attend une réponse à sa lettre de candidature. – *Er wartet auf eine Antwort auf sein Bewerbungsschreiben.*

signifier [siɲifje]
bedeuten
→ Que signifie ce mot ? – *Was bedeutet dieses Wort?*

DIE WELT BESCHREIBEN

EIGENSCHAFTEN

GUTE CHARAKTER-EIGENSCHAFTEN

SCHLECHTE CHARAKTER-EIGENSCHAFTEN

SCHWARZ, WEISS UND BUNT

RUND UND ECKIG

EIGENSCHAFTEN

apprécié [apʀesje], **appréciée**
beliebt
→ Il est très apprécié de ses collègues. – *Er ist sehr beliebt bei seinen Kollegen.*

approprié [apʀɔpʀije], **appropriée**
geeignet
→ On recherche une solution appropriée. – *Man sucht nach einer geeigneten Lösung.*

assorti [asɔʀti], **assortie**
passend
→ J'ai trouvé une chemise assortie à ton costume. – *Ich habe ein passendes Hemd zu deinem Anzug gefunden.*

beau, bel [bo], **belle**
schön
→ De son balcon, il a une belle vue sur la ville. – *Von seinem Balkon hat er einen schönen Blick auf die Stadt.*

bien [bjɛ̃]
gut
→ Salut ! Tu vas bien ? – *Hallo! Geht's dir gut?*

bruyant [bʀyjɑ̃], **bruyante**
laut
→ Son appartement est très bruyant, il donne sur la rue. – *Seine Wohnung ist sehr laut, sie geht zur Straße hin.*

calme [kalm]
ruhig; still
→ Ils habitent dans un quartier calme. – *Sie wohnen in einem ruhigen Viertel.*

captivant [kaptivɑ̃], **captivante**
spannend
→ Il lit une histoire captivante. – *Er liest eine spannende Geschichte.*

clair [klɛʀ], **claire**
hell
→ Leur appartement est très clair et spacieux. – *Ihre Wohnung ist sehr hell und geräumig.*

complet [kɔ̃plɛ], **complète**
ganz
→ Il a lu les œuvres complètes de Proust. – *Er hat das ganze Werk von Proust gelesen.*

complètement [kɔ̃plɛtmɑ̃]
völlig
→ Le malade est complètement guéri. – *Der Kranke ist völlig geheilt.*

le **contraire** [kɔ̃tʀɛʀ]
das **Gegenteil**
→ Il fait parfois le contraire de ce qu'il dit. – *Er macht manchmal das Gegenteil von dem, was er sagt.*

court [kuʀ], **courte**
kurz
→ En hiver, les jours sont plus courts qu'en été. – *Im Winter sind die Tage kürzer als im Sommer.*

définitif [definitif], **définitive**
fest
→ Ma décision est définitive, il n'y a rien à faire. – *Meine Entscheidung steht fest, da ist nichts zu machen.*

la **différence** [difeʀɑ̃s]
der **Unterschied**
→ Quelle est la différence entre entendre et écouter ? – *Was ist der Unterschied zwischen hören und zuhören?*

différent [difeʀɑ̃], **différente**
verschieden
→ Leurs deux filles sont très différentes. – *Ihre zwei Töchter sind sehr verschieden.*

doucement [dusmɑ̃]
leise
→ Parle doucement, sinon tu vas réveiller les enfants. – *Sprich leise, sonst weckst du die Kinder auf.*

dur [dyʀ], **dure**
hart
→ Ce matériau est dur comme du béton. – *Dieses Material ist hart wie Beton.*

éveillé [eveje], **éveillée**
wach
→ Il est resté éveillé toute la nuit. – *Er ist die ganze Nacht wach geblieben.*

exprès [ɛkspʀɛ]
absichtlich
→ Il a fait exprès d'arriver en retard. – *Er kam absichtlich zu spät.*

extrêmement [ɛkstʀɛmmɑ̃]
äußerst
→ Après son lapsus, elle était extrêmement gênée. – *Nach ihrem Versprecher war sie äußerst verlegen.*

fatigué [fatige], **fatiguée**
müde
→ Il a l'air très fatigué depuis quelques temps. – *Er sieht seit einiger Zeit sehr müde aus.*

fin [fɛ̃], **fine**
fein
→ Il a coupé le jambon en fines tranches. – *Er schnitt den Schinken in feine Scheiben.*

fini [fini], **finie**
fertig
→ Ouf, le travail est enfin fini ! – *Uff, die Arbeit ist endlich fertig!*

important [ɛ̃pɔʀtɑ̃], **importante**
wichtig
→ Pour lui, l'argent n'est pas important. – *Ihm ist Geld nicht wichtig.*

impossible [ɛ̃pɔsibl]
unmöglich
→ Un changement paraît impossible dans l'immédiat. – *Ein Wechsel scheint im Augenblick unmöglich.*

incroyable [ɛ̃kʀwajabl]
unglaublich
→ Il m'a raconté une histoire incroyable. – *Er hat mir eine unglaubliche Geschichte erzählt.*

interdit [ɛ̃tɛʀdi], **interdite**
verboten
→ Il est interdit de fumer dans les lieux publics. – *Es ist verboten, in der Öffentlichkeit zu rauchen.*

intéressant [ɛ̃teʀesɑ̃], **intéressante**
interessant
→ Lisez ce livre, il est très intéressant. – *Lesen Sie dieses Buch, es ist sehr interessant.*

joli [ʒɔli], **jolie**
hübsch
→ Il a un joli sourire. – *Er hat ein hübsches Lächeln.*

juste [ʒyst]
richtig
→ Elle a donné la réponse juste et a gagné mille euros. – *Sie hat richtig geantwortet und tausend Euro gewonnen.*

laid [lɛ], **laide**
hässlich
→ Elle se trouve laide, pourtant elle est mignonne, je trouve. – *Sie findet sich hässlich, dabei ist sie reizend, finde ich.*

léger [leʒe], **légère**
leicht
→ Il n'a pris qu'un bagage léger pour ce petit voyage. – *Er hat nur leichtes Gepäck auf diese kleine Reise mitgenommen.*

lentement [lɑ̃tmɑ̃]
langsam
→ Le cortège avance lentement. – *Der Umzug geht langsam voran.*

libre [libʀ]
frei
→ Il n'y a plus une seule chambre de libre. – *Es ist kein einziges Zimmer mehr frei.*

lourd [luʀ], **lourde**
schwer
→ Elle n'arrivait pas à porter sa valise trop lourde. – *Sie schaffte es nicht, ihren zu schweren Koffer zu tragen.*

magnifique [maɲifik]
herrlich
→ Cet endroit est magnifique. – *Dieser Ort ist herrlich.*

mauvais [movɛ], **mauvaise**
schlecht
→ J'ai une mauvaise nouvelle à t'annoncer. – *Ich habe dir eine schlechte Nachricht mitzuteilen.*

meilleur [mɛjœʀ], **meilleure**
besser
→ Le vin blanc est meilleur que l'an dernier. – *Der Weißwein ist besser als letztes Jahr.*

le **meilleur** [mɛjœʀ], la **meilleure**
beste(r, s)
→ C'est la meilleure élève de la classe. – *Sie ist die beste Schülerin der Klasse.*

même [mɛm]
gleich
→ C'est toujours la même chose avec toi. – *Es ist immer das Gleiche mit dir.*

merveilleux [mɛʀvɛjø], **merveilleuse**
wunderbar
→ Nous avons fait un voyage merveilleux en Italie. – *Wir haben eine wunderbare Reise nach Italien gemacht.*

mince [mɛ̃s]
schlank; dünn
→ C'est une jeune femme très mince et élégante. – *Sie ist eine sehr schlanke und elegante junge Frau.*

moderne [mɔdɛʀn]
modern
→ Il n'apprécie pas beaucoup l'art moderne. – *Er schätzt moderne Kunst nicht besonders.*

naturel [natyʀɛl], **naturelle**
natürlich
→ Elle a gardé sa couleur naturelle de cheveux. – *Sie hat ihre natürliche Haarfarbe behalten.*

neuf [nœf], **neuve**
neu
→ Cette voiture est comme neuve. – *Dieses Auto ist wie neu.*

nouveau, nouvel [nuvo], **nouvelle**
neu
→ Le directeur a présenté la nouvelle secrétaire. – *Der Direktor stellte die neue Sekretärin vor.*

pauvre [povʀ]
arm
→ Elle est issue d'une famille pauvre. – *Sie stammt aus einer armen Familie.*

possible [pɔsibl]
möglich
→ C'est possible de faire le trajet en une journée. – *Es ist möglich, die Reise an einem Tag zu machen.*

précis [pʀesi], **précise**
genau
→ L'architecte a fait un plan précis de l'immeuble. – *Der Architekt erstellte einen genauen Gebäudeplan.*

prêt [pʀɛ], **prête**
bereit
→ Je suis prête. On peut partir. – *Ich bin bereit. Wir können gehen.*

probable [pʀɔbabl]
wahrscheinlich
→ Je n'ai pas vérifié, mais c'est probable. – *Ich habe es nicht überprüft, aber es ist wahrscheinlich.*

propre [pʀɔpʀ]
sauber
→ Il a mis une chemise propre. – *Er zog ein sauberes Hemd an.*

rapide [ʀapid]
schnell
→ Ce train n'est vraiment pas rapide. – *Dieser Zug ist wirklich nicht schnell.*

responsable [ʀɛspɔ̃sabl]
verantwortlich
→ Les parents sont responsables des actes commis par leurs enfants mineurs. – *Die Eltern sind verantwortlich für die Handlungen ihrer minderjährigen Kinder.*

riche [ʀiʃ]
reich
→ Je ne pense pas qu'ils soient si riches. – *Ich glaube nicht, dass sie so reich sind.*

sale [sal]
schmutzig
→ Elle a mis le linge sale dans le lave-linge. – *Sie steckte die schmutzige Wäsche in die Waschmaschine.*

semblable [sɑ̃blabl]
ähnlich
→ C'est une maison semblable à beaucoup d'autres. – *Das ist ein Haus, das vielen anderen ähnlich sieht.*

sérieux [sɛʀjø], **sérieuse**
ernst
→ Il a toujours le visage sérieux, jamais il ne sourit. - *Er macht immer ein ernstes Gesicht, niemals lächelt er.*

simple [sɛ̃pl]
einfach
→ C'est une mélodie très simple. - *Das ist eine sehr einfache Melodie.*

sombre [sɔ̃bʀ]
dunkel
→ Elle habite dans un appartement très sombre. - *Sie wohnt in einer sehr dunklen Wohnung.*

supplémentaire [syplemɑ̃tɛʀ]
zusätzlich
→ Les jours de départ en vacances, on met en service des trains supplémentaires. - *An den Tagen zu Ferienbeginn werden zusätzliche Züge eingesetzt.*

sûr [syʀ], **sûre**
sicher
→ J'étais sûre qu'il viendrait. - *Ich war sicher, dass er kommen würde.*

très [tʀɛ]
sehr
→ Il est très content de sa nouvelle voiture. - *Er ist sehr zufrieden mit seinem neuen Wagen.*

typique [tipik]
typisch
→ Ils ont déjeuné dans un restaurant espagnol typique. - *Sie haben in einem typisch spanischen Restaurant zu Mittag gegessen.*

urgent [yʀʒɑ̃], **urgente**
dringend
→ J'ai un travail urgent à finir. - *Ich habe eine dringende Arbeit fertig zu machen.*

utile [ytil]
nützlich
→ Il m'a donné des informations très utiles. - *Er gab mir sehr nützliche Informationen.*

vite [vit]
schnell
→ Ne roule pas trop vite ! - *Fahr nicht zu schnell!*

vrai [vʀɛ], **vraie**
wahr; echt
→ Ce que je te raconte est une histoire vraie. - *Was ich dir erzähle, ist eine wahre Geschichte.*

GUTE CHARAKTEREIGENSCHAFTEN

astucieux [astysjø], **astucieuse**
schlau
→ C'est astucieux de sa part. – *Das ist schlau vom ihm / ihr.*

avisé [avize], **avisée**
klug
→ C'est un homme d'affaires très avisé. – *Er ist ein sehr kluger Geschäftsmann.*

bon [bɔ̃], **bonne**
gut
→ Je viens de lire un bon policier. – *Ich habe gerade einen guten Krimi gelesen.*

comique [kɔmik]
komisch
→ Ce spectacle est vraiment comique. – *Dieses Schauspiel ist wirklich komisch.*

le **courage** [kuʀaʒ]
der **Mut**
→ Il a eu le courage de défendre ses idées. – *Er hatte den Mut, seine Ideen zu verteidigen.*

courageux [kuʀaʒø], **courageuse**
mutig
→ Les pompiers sont des gens courageux. – *Feuerwehrleute sind mutige Menschen.*

curieux [kyʀjø], **curieuse**
neugierig
→ Tu es vraiment trop curieux, je ne te dirai rien. – *Du bist wirklich zu neugierig, ich werde dir nichts sagen.*

doux [du], **douce**
weich
→ Cette crème rend la peau douce. – *Diese Creme macht die Haut weich.*

fier [fjɛʀ], **fière**
stolz
→ Ils sont très fiers de la réussite de leur fille. – *Sie sind sehr stolz auf den Erfolg ihrer Tochter.*

formidable [fɔʀmidabl]
toll
→ Il a toujours des idées formidables. – *Er hat immer tolle Ideen.*

fort [fɔʀ], **forte**
stark; kräftig
→ Cet homme est fort comme un bœuf. – *Dieser Mann ist stark wie ein Stier.*

intelligent [ɛ̃teliʒɑ̃], **intelligente**
intelligent
→ Elle est très intelligente, tu verras. – *Du wirst sehen, sie ist sehr intelligent.*

ordonné [ɔʀdɔne], **ordonnée**
ordentlich
→ C'est très ordonné. – *Er ist sehr ordentlich.*

poli [pɔli], **polie**
höflich
→ Leurs enfants sont bien élevés et très polis. – *Ihre Kinder sind gut erzogen und sehr höflich.*

raisonnable [ʀɛzɔnabl]
vernünftig
→ Ils ont pris une décision raisonnable. – *Sie haben eine vernünftige Entscheidung getroffen.*

soigneux [swaɲø], **soigneuse**
sorgfältig
→ Il est très soigneux dans son travail. – *Er ist sehr sorgfältig bei seiner Arbeit.*

sympathique [sɛ̃patik]
sympathisch
→ Il ne m'est pas sympathique du tout. – *Er ist mir überhaupt nicht sympathisch.*

SCHLECHTE CHARAKTER-EIGENSCHAFTEN

bête [bɛt]
dumm
→ C'est bête, j'ai tout oublié ! – *Das ist dumm, ich habe alles vergessen!*

ennuyeux [ɑ̃nɥijø], **ennuyeuse**
langweilig
→ Son discours était ennuyeux à mourir. – *Seine / Ihre Rede war sterbenslangweilig.*

fou [fu], **folle**
verrückt
→ Ce serait fou de faire cela. – *Es wäre verrückt, das zu machen.*

idiot [idjo], **idiote**
blöd
→ Il pose souvent des questions idiotes. – *Er stellt oft blöde Fragen.*

paresseux [paʀesø], **paresseuse**
faul
→ Notre nouveau collègue est très paresseux. – *Unser neuer Kollege ist sehr faul.*

SCHWARZ, WEISS UND BUNT

la **couleur** [kulœʀ]
die **Farbe**
→ J'ai vu un coucher de soleil aux couleurs magnifiques. – *Ich habe einen Sonnenuntergang mit herrlichen Farben gesehen.*

beige [bɛʒ]
beige
→ Elle porte un tailleur et des chaussures beiges. – *Sie trägt ein Kostüm und beige Schuhe.*

blanc [blɑ̃], **blanche**
weiß
→ Elle aime beaucoup les fleurs blanches. – *Sie mag weiße Blumen sehr.*

bleu [blø], **bleue**
blau
→ Ses chaussettes bleues sont du plus mauvais goût. – *Seine / Ihre blauen Socken sind äußerst geschmacklos.*

brun [bʀœ̃], **brune**
braun
→ Il a les cheveux bruns. – *Er hat braune Haare.*

gris [gʀi], **grise**
grau
→ Il porte son costume gris comme toujours. – *Er trägt wie immer seinen grauen Anzug.*

jaune [ʒon]
gelb
→ Le mimosa a des fleurs jaunes. – *Die Mimose hat gelbe Blüten.*

jaune pâle
blassgelb
→ Le Bouzeron est un vin blanc sec, à la couleur jaune pâle. – *Der Bouzeron ist ein trockener Weißwein von blassgelber Farbe.*

mauve [mov]
lila
→ Elle a acheté des iris mauves. – *Sie hat lila Schwertlilien gekauft.*

noir [nwaʀ], **noire**
schwarz
→ J'ai vu un chat noir traverser la rue. – *Ich habe eine schwarze Katze über die Straße laufen sehen.*

orange [ɔʀɑ̃ʒ]
orange(farben)
→ Elle porte des gants orange. – *Sie trägt orange(farbene) Handschuhe.*

rose [ʀoz]
rosa
→ Elle avait un petit nœud rose dans les cheveux. – *Sie hatte eine kleine rosa Schleife im Haar.*

rouge [ʀuʒ]
rot
→ Il lui a offert un gros bouquet de roses rouges. - *Er schenkte ihr einen großen Strauß roter Rosen.*

rouge foncé
dunkelrot
→ Elle a une voiture rouge foncé. - *Sie hat ein dunkelrotes Auto.*

vert [vɛʀ], **verte**
grün
→ La chlorophylle donne aux plantes leur couleur verte. - *Das Chlorophyll gibt den Pflanzen ihre grüne Farbe.*

RUND UND ECKIG

bas [bɑ], **basse**
niedrig
→ Il a acheté une table basse pour le salon. - *Er kaufte für das Wohnzimmer einen niedrigen Tisch.*

carré [kaʀe], **carrée**
quadratisch
→ Le magasin a une surface de 1.000 mètres carré. - *Der Laden hat eine Fläche von 1.000 Quadratmetern.*

court [kuʀ], **courte**
kurz
→ Ce pantalon ne me va pas, il est trop court. - *Diese Hose passt mir nicht, sie ist zu kurz.*

droit [dʀwa], **droite**
gerade
→ Est-ce que le tableau est droit? - *Hängt das Bild gerade?*

étroit [etʀwa], **étroite**
eng; schmal
→ Un chemin étroit mène au village. - *Ein enger Weg führt ins Dorf.*

grand [gʀɑ̃], **grande**
groß
→ C'est un homme très grand et mince. - *Er ist ein sehr großer, schlanker Mann.*

gros [gRo], **grosse**
dick
→ C'est un homme grand et gros avec des cheveux bruns. – *Er ist ein großer, dicker Mann mit braunen Haaren.*

haut ['o], **haute**
hoch
→ Les murs de cette pièce sont hauts de trois mètres. – *Die Wände dieses Raums sind drei Meter hoch.*

large [laRʒ]
breit
→ Il habite dans une avenue très large. – *Er wohnt an einer sehr breiten Straße.*

long [lɔ̃], **longue**
lang
→ Le chemin est long d'ici au village. – *Der Weg von hier ins Dorf ist lang.*

petit [p(ə)ti], **petite**
klein
→ Elle est plus petite que son frère. – *Sie ist kleiner als ihr Bruder.*

plat [pla], **plate**
flach
→ La Belgique est un pays plat. – *Belgien ist ein flaches Land.*

profond [pRɔfɔ̃], **profonde**
tief
→ L'enfant creuse un trou profond dans le sable. – *Das Kind gräbt ein tiefes Loch in den Sand.*

rond [Rɔ̃], **ronde**
rund
→ Ils se sont assis autour d'une table ronde. – *Sie haben sich um einen runden Tisch gesetzt.*

ENTSPANNUNG UND SPASS

SPORT UND SPIEL

ENTSPANNUNG UND SPASS

la **chanson** [ʃɑ̃sɔ̃]
das **Lied**
→ Je ne connaissais pas cette chanson. – *Ich kannte dieses Lied nicht.*

chanter [ʃɑ̃te]
singen
→ Ils ont chanté une belle chanson de Noël. – *Sie haben ein schönes Weihnachtslied gesungen.*

le **cinéma** [sinema]
das **Kino**
→ Ils vont souvent au cinéma. – *Sie gehen oft ins Kino.*

danser [dɑ̃se]
tanzen
→ Elle danse bien le tango. – *Sie tanzt gut Tango.*

découvrir [dekuvʀiʀ]
entdecken
→ Les aventuriers ont découvert un trésor dans la jungle. – *Die Abenteurer haben einen Schatz im Dschungel entdeckt.*

le **genre** [ʒɑ̃ʀ]
die **Art**
→ Je n'aime pas ce genre de musique. – *Ich mag diese Art von Musik nicht.*

intéresser [ɛ̃teʀese]
interessieren
→ Ce film m'a beaucoup intéressé. – *Dieser Film hat mich sehr interessiert.*

jouer [ʒwe]
spielen
→ Les enfants jouent avec leurs copains. – *Die Kinder spielen mit ihren Freunden.*

le **jouet** [ʒwɛ]
das **Spielzeug**
→ Les enfants ont reçu beaucoup de jouets à Noël. – *Die Kinder haben viele Spielsachen zu Weihnachten bekommen.*

lire [liʀ]
lesen
→ Il lit son journal chaque matin. – *Er liest jeden Morgen seine Zeitung.*

le **livre** [livʀ]
das **Buch**
→ Il a beaucoup de livres anciens dans sa bibliothèque. – *Er hat viele sehr alte Bücher in seiner Bibliothek.*

les loisirs [lwaziʀ]
die **Freizeit**
→ Qu'est-ce que vous faites pendant vos loisirs ? – *Was macht ihr in eurer Freizeit?*

la musique [myzik]
die **Musik**
→ J'ai beaucoup aimé la musique de ce film. – *Ich habe die Musik dieses Films sehr gemocht.*

passer [pɑse]
verbringen
→ Elle a passé la journée à lire. – *Sie verbrachte den Tag mit Lesen.*

la piscine [pisin]
das **Schwimmbad**
→ Ils vont à la piscine le mardi. – *Sie gehen dienstags ins Schwimmbad.*

la plaisanterie [plɛzɑ̃tʀi]
der **Witz**
→ Il raconte souvent des plaisanteries au bureau. – *Er erzählt oft Witze im Büro.*

la poupée [pupe]
die **Puppe**
→ La petite coiffe sa poupée. – *Die Kleine frisiert ihre Puppe.*

le théâtre [teɑtʀ]
das **Theater**

le ballet [balɛ]
das **Ballett**

l'opéra [ɔpeʀa]
die **Oper**

le concert [kɔ̃sɛʀ]
das **Konzert**

la caisse [kɛs]
die **Kasse**

le programme [pʀɔgʀam]
das **Programm(heft)**

l'acteur [aktœʀ]
der **Schauspieler**

l'actrice [aktʀis]
die **Schauspielerin**

le danseur [dɑ̃sœʀ]
der **Tänzer**

la danseuse [dɑ̃søz]
die **Tänzerin**

l'orchestre [ɔʀkɛstʀ]
das **Orchester**

le chanteur [ʃɑ̃tœʀ]
der **Sänger**

la chanteuse [ʃɑ̃tøz]
die **Sängerin**

la **promenade** [pʀɔm(ə)nad]
Spaziergang
→ Elle fait de longues promenades dans les bois. – *Sie macht lange Waldspaziergänge.*

s'amuser [amyze]
sich amüsieren
→ Amuse-toi bien ! – *Viel Spaß!*

se baigner [sǝbeɲe]
baden
→ Les enfants adorent se baigner dans la mer. – *Die Kinder baden sehr gerne im Meer.*

se promener [səpʀɔm(ə)ne]
spazieren gehen
→ Le dimanche, ils aiment se promener en forêt. – *Am Sonntag gehen sie gerne im Wald spazieren.*

se reposer [səʀ(ə)poze]
sich ausruhen
→ Après cette semaine de stress, j'ai besoin de me reposer. – *Nach dieser stressigen Woche muss ich mich ausruhen.*

le **théâtre** [teɑtʀ]
das **Theater**
→ Elles vont au théâtre tous les dimanches soirs. – *Sie gehen jeden Sonntagabend ins Theater.*

le clavier ≠ das Klavier

Vier Freunde, ein französisches und ein deutsches Pärchen, treffen sich nach Jahren wieder. Peters Frau Eva erzählt: « Mon mari a joué beaucoup de concerts de clavier cet été. Il a eu beaucoup de succès. » Valérie fragt nach: « Des concerts de clavier ? C'est possible ? Comment ça fonctionne ? » Eva ist verärgert. Jean möchte die beiden Frauen beruhigen und die Situation klären: « Attends, je vais chercher le clavier de mon ordinateur et Peter nous jouera quelque chose dessus. » Peter sitzt völlig irritiert vor der Tastatur. « Non, je joue des concerts de Chopin et Mozart. » Jean: « Ah, au piano. » Alle vier brechen nun in Lachen aus.

! Eva hat **le clavier** = *die Tastatur* mit dem *Klavier* = **le piano** verwechselt und so für Verwirrung gesorgt.

avoir lieu [avwaʀljø]
stattfinden
→ Le concours n'a pas eu lieu à cause de la pluie. – *Das Turnier fand wegen des Regens nicht statt.*

la **balle** [bal]
der **Ball**
→ Tu peux aller chercher les balles de pingpong ? – *Kannst du die Tischtennisbälle holen?*

le **ballon** [balɔ̃]
der **(große) Ball**
→ Tu as un ballon de basket chez toi ? – *Hast du einen Basketball zu Hause?*

l'**équipe** [ekip]
die **Mannschaft**
→ Ils ont une bonne équipe de basket. – *Sie haben eine gute Basketballmannschaft.*

le **football** [futbol]
der **Fußball**
→ Nous sommes allés voir un match de football au stade. – *Wir haben ein Fußballspiel im Stadion angeschaut.*

gagner [gaɲe]
gewinnen
→ J'ai gagné la première partie. – *Ich habe die erste Runde gewonnen.*

le **gymnase** [ʒimnɑz]
die **Sporthalle,**
die **Turnhalle**
→ Les élèves sont au gymnase. – *Die Schüler sind in der Turnhalle.*

l'**inscription** [ɛ̃skʀipsjɔ̃]
die **Anmeldung**
→ L'inscription à ce concours peut être effectuée en ligne. – *Die Anmeldung zu diesem Wettbewerb kann online getätigt werden.*

le **jeu** [ʒø]
das **Spiel**
→ Ma fille préfère les jeux calmes. – *Meine Tochter bevorzugt ruhige Spiele.*

jouer [ʒwe]
spielen
→ Il joue dans une équipe de haut niveau. – *Er spielt in einer Spitzenmannschaft.*

le **joueur** [ʒwœʀ],
la **joueuse**
der **Spieler**, die **Spielerin**
→ Ce joueur de tennis a remporté sa troisième victoire. – *Dieser Tennisspieler errang seinen dritten Sieg.*

le **match** [matʃ]
das **Spiel**
→ Le match commence à 20h. – *Das Spiel beginnt um 20 Uhr.*

la **mi-temps** [mitɑ̃]
die **Halbzeit**
→ À la mi-temps, le score était de deux à zéro pour les Bleus. – *Zur Halbzeit stand es zwei zu null für die französische Nationalmannschaft.*

nager [naʒe]
schwimmen
→ Il a appris à nager à la piscine. – *Er hat im Schwimmbad schwimmen gelernt.*

participer [paʀtisipe]
teilnehmen
→ Ils ont participé à un marathon. – *Sie haben an einem Marathonlauf teilgenommen.*

le **sport** [spɔʀ]
der **Sport**
→ Elle fait beaucoup de sport. – *Sie treibt viel Sport.*

sportif [spɔʀtif],
sportive
sportlich
→ Il est vraiment sportif. – *Er ist wirklich sportlich.*

le **tennis** [tenis]
das **Tennis**
→ Paul est un très bon joueur de tennis. – *Paul ist ein sehr guter Tennisspieler.*

le **vélo** [velo]
das **Fahrrad**
→ Je veux m'acheter un vélo de course. – *Ich will mir ein Rennrad kaufen.*

le **volley(-ball)** [vɔlɛ(bol)]
der **Volleyball**,
das **Volleyballspiel**
→ Irène fait du volley-ball. – *Irene spielt Volleyball.*

KÖRPER & GESUNDHEIT

IN BEWEGUNG

DER MENSCH

IM BAD

DIE KÖRPERTEILE

DIE SINNE

GESUNDHEIT UND KRANKHEIT

IN BEWEGUNG

bouger [buʒe]
bewegen
→ Ne bougez plus, je prends une photo. – *Nicht bewegen, ich mache ein Foto.*

courir [kuʀiʀ]
laufen
→ Il a couru pour attraper le bus. – *Er ist gelaufen, um den Bus zu erreichen.*

frapper [fʀape]
schlagen
→ Il l'a frappé au visage. – *Er schlug ihn ins Gesicht.*

marcher [maʀʃe]
gehen
→ Ils marchent dans la rue. – *Sie gehen auf der Straße.*

parti [paʀti], **partie**
weg
→ Désolé, elle est déjà partie. – *Tut mir leid, sie ist schon weg.*

le **pas** [pɑ]
der **Schritt**
→ J'ai entendu des pas dans l'escalier. – *Ich habe im Treppenhaus Schritte gehört.*

ramasser [ʀamɑse]
aufheben
→ Elle a ramassé la feuille tombée par terre. – *Sie hob das Blatt auf, das auf den Boden gefallen war.*

s'arrêter [saʀete]
stehen bleiben
→ Elle marchait tranquillement. Soudain elle s'est arrêtée devant une porte. – *Sie ging in aller Ruhe. Plötzlich blieb sie vor einer Tür stehen.*

s'asseoir [saswaʀ]
sich setzen
→ Elle s'est assise au dernier rang. – *Sie setzte sich in die letzte Reihe.*

se retourner [səʀ(ə)tuʀne]
sich umdrehen
→ Elle s'est retournée et a fait un signe de la main. – *Sie drehte sich um und gab ein Handzeichen.*

suivre [sɥivʀ]
folgen
→ Si vous voulez bien me suivre. Je vous fais visiter la maison. – *Wenn Sie mir bitte folgen wollen. Ich lasse Sie das Haus besichtigen.*

l'adulte [adylt], **l'adulte**
der **Erwachsene**, die **Erwachsene**
→ Ce film est réservé aux adultes. – *Dieser Film ist nur für Erwachsene.*

l'apparence [apaʀɑ̃s]
das **Erscheinungsbild;** der **Schein**
→ Elle n'aime pas son apparence de jeune fille sage. – *Ihr gefällt es nicht, dass sie wie ein braves Mädchen aussieht.*

la **dame** [dam]
die **Dame**
→ C'est une vieille dame. – *Sie ist eine alte Dame.*

décrire [dekʀiʀ]
beschreiben
→ Cet auteur décrit bien la nature. – *Dieser Schriftsteller beschreibt die Natur gut.*

dormir [dɔʀmiʀ]
schlafen
→ Le bébé dort profondément. – *Das Baby schläft tief.*

l'enfant [ɑ̃fɑ̃]
das **Kind**
→ Ils ont un enfant de trois ans. – *Sie haben ein dreijähriges Kind.*

la **femme** [fam]
die **Frau**
→ Il est marié à une jeune femme charmante. – *Er ist mit einer bezaubernden jungen Frau verheiratet.*

la **fille** [fij]
das **Mädchen**
→ Elle a accouché d'une fille. – *Sie brachte ein Mädchen zur Welt.*

le **garçon** [gaʀsɔ̃]
der **Junge**
→ Ma collègue a eu un garçon en décembre. – *Meine Kollegin bekam im Dezember einen Jungen.*

les **gens** [ʒɑ̃]
die **Leute**
→ Il y a des gens dans l'ascenseur. – *Es sind Leute im Aufzug.*

grandir [gʀɑ̃diʀ]
wachsen
→ Sa fille a grandi de cinq centimètres. – *Seine / Ihre Tochter ist fünf Zentimeter gewachsen.*

handicapé ['ɑ̃dikape], **handicapée**
behindert
→ Elle travaille dans un centre pour jeunes handicapés. – *Sie arbeitet in einem Zentrum für behinderte junge Menschen.*

l'**homme**[1] [ɔm]
der **Mann**
→ Un homme attend sa femme devant la cabine d'essayage. – *Ein Mann wartet vor der Umkleidekabine auf seine Frau.*

l'**homme**[2] [ɔm]
der **Mensch**
→ Dans ce pays, les droits de l'homme ne sont pas respectés. – *In diesem Land werden Menschenrechte missachtet.*

Madame [madam]
Frau
→ Bonjour Madame Petit, comment allez-vous aujourd'hui ? – *Guten Tag, Frau Petit, wie geht es Ihnen heute?*

Mademoiselle [madmwazɛl]
Frau
→ Bonsoir Mademoiselle Fabre, que puis-je pour vous ? – *Guten Abend, Frau Fabre, was kann ich für Sie tun?*

le **monsieur** [məsjø]
der **Herr**
→ Un monsieur et une dame demandent à vous parler. – *Ein Herr und eine Dame möchten Sie sprechen.*

la **naissance** [nɛsɑ̃s]
die **Geburt**
→ La naissance du bébé est prévue en juillet. – *Die Geburt des Babys wird im Juli erwartet.*

la **personne** [pɛʀsɔn]
die **Person**
→ Cet ascenseur est prévu pour trois personnes. – *Dieser Aufzug ist für drei Personen vorgesehen.*

personnel [pɛʀsɔnɛl], **personnelle**
persönlich
→ Elle a rangé ses affaires personnelles dans son armoire. – *Sie räumte ihre persönlichen Sachen in ihren Schrank.*

posséder [pɔsede]
besitzen
→ Les musées possèdent de belles collections. – *Die Museen besitzen schöne Sammlungen.*

propre [pʀɔpʀ]
eigen
→ Ma fille a sa propre voiture maintenant. – *Meine Tochter hat jetzt ihr eigenes Auto.*

s'endormir [sɑ̃dɔʀmiʀ]
einschlafen
→ Elle s'endort souvent devant la télé. – *Sie schläft oft vor dem Fernseher ein.*

le **type** [tip]
der **Typ**, der **Kerl**
→ Elle sort avec un type bizarre. – *Sie geht mit einem seltsamen Typ.*

la **vie** [vi]
das **Leben**
→ Il ne mélange pas sa vie privée et sa vie professionnelle. – *Er vermischt sein Privatleben nicht mit seinem Berufsleben.*

le **vieux** [vjø],
la **vieille**
der **Alte**, die **Alte**
→ Le vieux est mon voisin. – *Der Alte ist mein Nachbar.*

IM BAD

le **bain** [bɛ̃]
das **Bad**
→ Je prends un bain chaud pour me relaxer ! – *Ich nehme ein heißes Bad zur Entspannung!*

la **brosse à dents** [bʀɔsadɑ̃]
die **Zahnbürste**
→ Il change de brosse à dents régulièrement. – *Er wechselt regelmäßig die Zahnbürste.*

le **dentifrice** [dɑ̃tifʀis]
die **Zahnpasta**
→ Elle utilise un dentifrice spécial pour gencives sensibles. – *Sie benutzt eine spezielle Zahnpasta für empfindliches Zahnfleisch.*

la **douche** [duʃ]
die **Dusche**
→ Tous les matins, il prend sa douche en chantant. – *Jeden Morgen singt er unter der Dusche.*

l'eau [o]
das **Wasser**
→ Je fais couler l'eau de ton bain. – *Ich lasse dir Badewasser ein.*

le **lavabo** [lavabo]
das **Waschbecken**
→ Le lavabo est tout sale. – *Das Waschbecken ist ganz schmutzig.*

se peigner [səpeɲe]
(sich) kämmen
→ Peigne-toi avant d'aller à l'école ! – *Kämme dich, bevor du in die Schule gehst!*

se raser [səʀaze]
sich rasieren
→ Il se rase tous les matins. – *Er rasiert sich jeden Morgen.*

le **robinet** [ʀɔbinɛ]
der **Wasserhahn**
→ Ferme le robinet ! – *Dreh den Wasserhahn zu!*

la **salle de bains**
das **Badezimmer**
→ Elle a une grande maison avec deux salles de bains. – *Sie hat ein großes Haus mit zwei Badezimmern.*

le **savon** [savɔ̃]
die **Seife**
→ Il n'y a plus de savon dans la salle de bain. – *Es ist keine Seife mehr im Badezimmer.*

se sécher [səseʃe]
(sich) abtrocknen
→ Elle se sèche le dos. – *Sie trocknet sich den Rücken ab.*

la **serviette** [sɛʀvjɛt]
das **Handtuch**
→ Elle s'essuie les mains avec une serviette. – *Sie trocknet sich die Hände mit einem Handtuch ab.*

le **shampoing** [ʃɑ̃pwɛ̃]
das **Shampoo**
→ Peux-tu s'il te plaît me prêter du shampoing ? J'ai oublié le mien. – *Kannst du mir bitte etwas Shampoo leihen? Ich habe meines vergessen.*

les **toilettes** [twalɛt]
die **Toilette**
→ Les toilettes sont au fond du couloir à gauche. – *Die Toilette ist am Ende des Gangs links.*

DIE KÖRPERTEILE

la **barbe** [baʀb]
der **Bart**
→ Il se rase la barbe avec un rasoir électrique. – *Er rasiert seinen Bart mit einem elektrischen Rasierapparat.*

la **bouche** [buʃ]
der **Mund**
→ Ce n'est pas poli de parler la bouche pleine. – *Es ist nicht höflich, mit vollem Mund zu sprechen.*

la **boucle** [bukl]
die **Locke**
→ Elle a un joli visage et de grandes boucles. – *Sie hat ein hübsches Gesicht und große Locken.*

le **bras** [bʀɑ]
der **Arm**
→ Il s'est cassé le bras en tombant. – *Er brach sich beim Fallen den Arm.*

les **cheveux** [ʃ(ə)vø]
das **Haar**
→ Elle a les cheveux frisés et courts. – *Sie hat kurzes lockiges Haar.*

le **cœur** [kœʀ]
das **Herz**
→ Quand elle le voit, son cœur bat plus vite. – *Wenn sie ihn sieht, schlägt ihr Herz schneller.*

la boucle ≠ der Buckel

Markus besucht seinen Brieffreund Stéphane in den Ferien an der Côte d'Azur. Die beiden 16-Jährigen unterhalten sich über ihre erste große Liebe. Stéphane schwärmt von Juliette: « Elle est très jolie. Elle a un joli visage et de grandes boucles. » Markus fragt zurück: « Comment peux-tu dire qu'elle est belle avec des boucles ? C'est vraiment laid ! » Nun ist Stéphane sauer: « J'adore ses boucles. »

! So schnell kann es zu Streitigkeiten kommen, wenn man falsche Freunde nicht kennt: Markus hat **les boucles** = *die Locken* mit **der Buckel** = *la bosse* verwechselt.

le **corps** [kɔʀ]
der **Körper**
→ Elle entretient son corps en faisant de la gymnastique. – *Sie trainiert ihren Körper, indem sie Gymnastik macht.*

le **cou** [ku]
der **Hals**
→ Les cygnes ont des cous longs et fins. – *Schwäne haben lange, schlanke Hälse.*

la **dent** [dɑ̃]
der **Zahn**
→ Elle apprend à ses enfants à se brosser les dents. – *Sie bringt ihren Kindern bei, sich die Zähne zu putzen.*

le **doigt** [dwa]
der **Finger**
→ Il s'est pris les doigts dans la porte. – *Er klemmte sich die Finger in der Tür ein.*

le **dos** [do]
der **Rücken**
→ Elle souffre d'un mal de dos chronique. – *Sie leidet unter chronischen Rückenschmerzen.*

le **genou** [ʒ(ə)nu]
das **Knie**
→ Son genou la fait souffrir. – *Sie leidet unter starken Knieschmerzen.*

la **jambe** [ʒɑ̃b]
das **Bein**
→ Elle a de longues jambes musclées de danseuse. – *Sie hat die langen, muskulösen Beine einer Tänzerin.*

la **langue** [lɑ̃g]
die **Zunge**
→ Il a un cheveu sur la langue. – *Er hat ein Haar auf der Zunge.*

le **lèvre** [lɛvʀ]
die **Lippe**
→ En hiver, Marie a toujours les lèvres gercées. – *Im Winter hat Marie immer aufgesprungene Lippen.*

la **main** [mɛ̃]
die **Hand**
→ Les deux amoureux se tiennent par la main. – *Die beiden Verliebten halten sich an der Hand.*

le **nez** [ne]
die **Nase**
→ Cette actrice s'est fait refaire le nez. – *Diese Schauspielerin ließ sich die Nase richten.*

l'**œil** [œj]
das **Auge**
→ Il a un œil vert et un œil marron. – *Er hat ein grünes und ein braunes Auge.*

les **yeux** [jø]
die **Augen**
→ C'est une brune aux yeux verts. – *Sie ist eine Brünette mit grünen Augen.*

l'**oreille** [ɔʀɛj]
das **Ohr**
→ Elle a une douleur dans l'oreille droite, une otite sans doute. – *Sie hat Schmerzen im rechten Ohr, zweifelsohne eine Ohrenentzündung.*

la **peau** [po]
die **Haut**
→ Il a les yeux verts et la peau mate. – *Er hat grüne Augen und (eine) dunkle Haut.*

le **pied** [pje]
der **Fuß**
→ Il a mal aux pieds dans ses chaussures trop étroites. – *Seine Füße tun ihm in den zu engen Schuhen weh.*

le **sang** [sɑ̃]
das **Blut**
→ Le blessé perd beaucoup de sang. – *Der Verletzte verliert viel Blut.*

la **tête** [tɛt]
der **Kopf**
→ Le malade a un gros bandage sur la tête. – *Der Kranke hat einen dicken Verband am Kopf.*

le **ventre** [vɑ̃tʀ]
der **Bauch**
→ Elle fait de la gym surtout pour se muscler le ventre. – *Sie macht Gymnastik, vor allem um ihre Bauchmuskeln zu stärken.*

le **visage** [vizaʒ]
das **Gesicht**
→ Elle a un joli visage avec des traits très fins. – *Sie hat ein hübsches Gesicht mit sehr feinen Zügen.*

DIE SINNE

le **bruit** [bʀɥi]
der **Lärm;**
das **Geräusch**
→ Le bruit est une chose que je ne supporte pas. - *Lärm ist etwas, das ich nicht ertrage.*

entendre [ɑ̃tɑ̃dʀ]
hören
→ J'entends du bruit dans l'escalier. - *Ich höre Lärm im Treppenhaus.*

l'**odeur** [ɔdœʀ]
der **Geruch**
→ Je ne supporte pas cette mauvaise odeur. - *Ich ertrage diesen üblen Geruch nicht.*

reconnaître [ʀ(ə)kɔnɛtʀ]
erkennen
→ Je l'ai reconnu tout de suite sur le quai de la gare. - *Ich habe ihn sofort auf dem Bahnsteig erkannt.*

regarder [ʀ(ə)gaʀde]
schauen; gucken
→ Il ne la regarde jamais dans les yeux. - *Er schaut ihr nie in die Augen.*

respirer [ʀɛspiʀe]
atmen
→ Il est asthmatique. Il a des difficultés à respirer parfois. - *Er hat Asthma. Ab und an hat er Schwierigkeiten zu atmen.*

le **rêve** [ʀɛv]
der **Traum**
→ Il ne se souvient jamais de ses rêves. - *Er erinnert sich nie an seine Träume.*

rêver [ʀeve]
träumen
→ Ils rêvent de faire le tour du monde. - *Sie träumen davon, eine Weltreise zu machen.*

se souvenir [səsuv(ə)niʀ]
sich erinnern
→ Il ne se souvient jamais de ses rêves. - *Er erinnert sich nie an seine Träume.*

sentir [sɑ̃tiʀ]
riechen
→ Ça sent le brûlé dans la cuisine. - *Es riecht angebrannt in der Küche.*

voir [vwaʀ]
sehen
→ Je vois mal la nuit. - *Ich sehe nachts schlecht.*

l'aide [ɛd]
die **Hilfe**
→ J'ai besoin de ton aide. – *Ich brauche deine Hilfe.*

aider [ede]
helfen
→ Pourriez-vous m'aider, s'il vous plaît ? – *Könnten Sie mir bitte helfen?*

l'allergie [alɛʀʒi]
die **Allergie**
→ Elle a une allergie aux fraises. – *Sie hat eine Allergie gegen Erdbeeren.*

allonger [alɔ̃ʒe]
hinlegen
→ Les pompiers ont allongé le blessé sur une couverture. – *Die Feuerwehrleute legten den Verletzten auf eine Decke.*

blesser [blese]
verletzen
→ Les gangsters ont blessé le caissier de la banque. – *Die Bankräuber haben den Kassierer verletzt.*

calmer [kalme]
beruhigen
→ Pour la calmer, le médecin lui a administré un médicament. – *Um sie zu beruhigen, verordnete ihr der Arzt ein Medikament.*

le **comprimé** [kɔ̃pʀime]
die **Tablette**
→ Prenez un comprimé trois fois par jour. – *Nehmen Sie dreimal täglich eine Tablette.*

le **danger** [dɑ̃ʒe]
die **Gefahr**
→ Il ne savait pas qu'il était en danger. – *Er wusste nicht, dass er in Gefahr war.*

dangereux [dɑ̃ʒʀø], **dangereuse**
gefährlich
→ Attention, cette route est dangereuse. – *Achtung, diese Strecke ist gefährlich.*

le **dentiste** [dɑ̃tist]
der **Zahnarzt**
→ Le dentiste lui a arraché une dent de sagesse. – *Der Zahnarzt zog ihm / ihr einen Weisheitszahn.*

la **douleur** [dulœʀ]
der **Schmerz**
→ Il a ressenti une forte douleur dans le ventre. – *Er spürte einen starken Schmerz im Magen.*

faire attention
aufpassen
→ Les automobilistes doivent faire attention aux piétons. – *Die Autofahrer müssen auf die Fußgänger achten.*

la fumée [fyme]
der **Rauch**
→ Ne m'envoie pas la fumée de ta cigarette dans la figure ! – *Blas mir nicht deinen Zigarettenrauch ins Gesicht!*

fumer [fyme]
rauchen
→ Nous avons décidé d'arrêter de fumer ensemble. – *Wir haben uns entschieden, gemeinsam mit dem Rauchen aufzuhören.*

grave [gʀav]
schlimm
→ La blessure n'est pas grave. – *Die Verletzung ist nicht schlimm.*

la grippe [gʀip]
die **Grippe**
→ Il y a une épidémie de grippe en ce moment. – *Zurzeit haben wir eine Grippewelle.*

guérir [geʀiʀ]
gesund werden
→ Il espère guérir rapidement. – *Er hofft schnell wieder gesund zu werden.*

l'hôpital [ɔpital]
das **Krankenhaus**
→ On construit un nouvel hôpital au sud de la ville. – *Südlich der Stadt wird ein neues Krankenhaus gebaut.*

l'infirmier [ɛ̃fiʀmje]
l'infirmière
der **Krankenpfleger**, die **Krankenschwester**
→ Une infirmière vient lui faire des piqûres à domicile. – *Eine Krankenschwester kommt zu ihm / ihr nach Hause und gibt ihm / ihr Spritzen.*

le mal [mal]
der **Schmerz**
→ Un mal de dents le fait souffrir depuis deux jours. – *Seit zwei Tagen leidet er unter Zahnschmerzen.*

malade [malad]
krank
→ Elle est gravement malade. – *Sie ist schwer krank.*

la maladie [maladi]
die **Krankheit**
→ Il est atteint d'une maladie incurable. – *Er hat eine unheilbare Krankheit.*

les maux de tête [modətɛt]
die **Kopfschmerzen**
→ Il souffre de violents maux de tête. – *Er leidet unter heftigen Kopfschmerzen.*

le médecin [medsɛ̃], **la médecin**
der **Arzt**, die **Ärztin**
→ Il consulte régulièrement son médecin. – *Es sucht regelmäßig seinen Arzt auf.*

la **médecine** [medsin]
die **Medizin**
→ Elle a commencé des études de médecine. – *Sie hat ein Medizinstudium begonnen.*

le **médicament** [medikamɑ̃]
das **Medikament,** die **Medizin**
→ Le médecin lui a prescrit des médicaments. – *Der Arzt verschrieb ihm / ihr Medikamente.*

mort [mɔʀ], **morte**
tot
→ Ma mère est morte à quatre-vingt-dix ans. – *Meine Mutter ist mit neunzig Jahren gestorben.*

la **mort** [mɔʀ]
der **Tod**
→ Sa mort nous a beaucoup touchés. – *Sein / Ihr Tod berührte uns sehr.*

mourir [muʀiʀ]
sterben
→ Sa mère est morte cette nuit. – *Seine / Ihre Mutter ist heute Nacht gestorben.*

le médecin ≠ die Medizin
l'infusion ≠ die Infusion

Zwei ältere Damen aus Berlin sind auf Besichtigungstour durch Paris. Um sich etwas auszuruhen, gehen sie in ein kleines Bistro und bestellen zwei Kaffee. Plötzlich wird der einen schlecht, die andere ist völlig aufgelöst und ruft laut: « Vite, au secours, appelez un docteur. Mon amie a oublié de prendre son médecin. Je crois qu'elle a besoin d'une infusion. » Die Bedienung eilt herbei: « Ne vous inquiétez pas, Madame. Si vous avez besoin d'une infusion, je vous la prépare tout de suite. » Sie kommt mit einer Tasse zurück: « Voilà, votre infusion de camomille. »

! In der Aufregung hat die alte Dame einiges durcheinander gebracht. Ihre Freundin hat vergessen, ihre *Medizin* = **le médicament** zu nehmen und nicht ihren *Arzt* = **le médecin.** Deshalb brauchte sie eine *Infusion* = **la perfusion** und keinen *Tee* = **l'infusion.**

la **pharmacie** [farmasi]
die **Apotheke**
→ Il est parti à la pharmacie chercher de l'aspirine. – *Er ist zur Apotheke gegangen, um Aspirin® zu holen.*

les **premiers soins** [pʀəmjeswɛ̃]
die **Erste Hilfe**
→ Les pompiers ont donné les premiers soins aux blessés. – *Die Feuerwehrleute haben den Verletzten Erste Hilfe geleistet.*

protéger [pʀɔteʒe]
schützen
→ Mets ton bonnet pour protéger tes oreilles du froid ! – *Setz deine Mütze auf, um deine Ohren vor der Kälte zu schützen!*

le **rhume** [ʀym]
die **Erkältung**
→ Il a attrapé un rhume en sortant sans manteau. – *Er holte sich eine Erkältung, als er ohne Mantel hinausging.*

la **santé** [sɑ̃te]
die **Gesundheit**
→ Ma santé ne me permet pas de faire du sport. – *Meine Gesundheit erlaubt es mir nicht, Sport zu treiben.*

se brûler [səbʀyle]
sich verbrennen
→ Il s'est brûlé avec le fer à repasser. – *Er verbrannte sich mit dem Bügeleisen.*

s'occuper de
sorgen für
→ Il s'occupe de ses vieux parents. – *Er sorgt für seine alten Eltern.*

soigner [swaɲe]
behandeln, pflegen
→ Il faut soigner cette plaie qui s'infecte. – *Diese entzündliche Wunde muss behandelt werden.*

terrible [teribl]
furchtbar, schrecklich
→ Il y a eu un terrible accident sur l'autoroute A7. – *Es ereignete sich ein furchtbarer Unfall auf der Autobahn A7.*

tomber [tɔ̃be]
fallen
→ Pierre est tombé et s'est blessé au genou. – *Pierre fiel hin und verletzte sich am Knie.*

tuer [tɥe]
töten
→ L'assassin a tué sa victime de plusieurs coups de couteau. – *Der Mörder tötete sein Opfer mit mehreren Messerstichen.*

ÜBER GEFÜHLE SPRECHEN

POSITIVE GEFÜHLE

NEGATIVE GEFÜHLE

ÜBER GEFÜHLE SPRECHEN

crier [kʀije]
schreien
→ Les enfants criaient de joie en voyant tomber la neige. – *Die Kinder haben vor Freude geschrien, als sie den Schnee fallen sahen.*

s'énerver [seneʀve]
sich aufregen
→ Mon père s'énerve vite. – *Mein Vater regt sich schnell auf.*

espérer [ɛspeʀe]
hoffen
→ J'espère qu'il fera beau dimanche. – *Ich hoffe, dass es am Sonntag schön wird.*

Excusez-moi / Excuse-moi.
Entschuldigung!

Je suis vraiment désolé(e).
Das tut mir sehr leid!

Ce n'est pas ce que je voulais dire.
Es war nicht so gemeint.

Je vous en prie.
Keine Ursache!

Ça ne fait rien.
Macht nichts!

insulter [ɛ̃sylte]
beleidigen
→ Ne m'insultez pas ! – *Beleidigen Sie mich nicht!*

jurer [ʒyʀe]
fluchen
→ Il s'énerve vite et jure pour un rien. – *Er ist schnell genervt und flucht (dann) ohne Grund.*

se plaindre [səplɛ̃dʀ]
sich beschweren
→ Elle a très mal mais elle ne se plaint jamais. – *Ihr geht es sehr schlecht, aber sie beschwert sich nie.*

se sentir [səsɑ̃tiʀ]
sich fühlen
→ Après le repas, il ne se sentait pas bien. – *Nach dem Essen fühlte er sich nicht wohl.*

souhaiter [swete]
wünschen
→ En partant, il m'a souhaité une bonne journée. – *Im Hinausgehen wünschte er mir einen schönen Tag.*

POSITIVE GEFÜHLE

aimer [eme]
lieben; mögen
→ Je t'aime comme au premier jour. – *Ich liebe dich wie am ersten Tag.*

l'**amour** [amuʀ]
die **Liebe**
→ Elle était son grand amour. – *Sie war seine große Liebe.*

amoureux [amuʀø], **amoureuse**
verliebt
→ Elle est amoureuse de son voisin de palier. – *Sie ist in den Nachbarn auf ihrer Etage verliebt.*

amusant [amyzɑ̃], **amusante**
lustig
→ Il raconte toujours des histoires amusantes. – *Er erzählt immer lustige Geschichten.*

l'**avantage** [avɑ̃taʒ]
der **Vorteil**
→ Quels sont les avantages des transports en commun ? – *Was sind die Vorteile der öffentlichen Verkehrsmittel?*

le **bonheur** [bɔnœʀ]
das **Glück**
→ Les invités ont souhaité beaucoup de bonheur aux jeunes mariés. – *Die Gäste haben den frisch Vermählten viel Glück gewünscht.*

la **chance** [ʃɑ̃s]
das **Glück**
→ Tu as vraiment beaucoup de chance ! – *Du hast wirklich viel Glück!*

content [kɔ̃tɑ̃], **contente**
froh
→ Je suis contente de pouvoir déménager bientôt. – *Ich bin froh, bald umziehen zu können.*

l'**espoir** [ɛspwaʀ]
die **Hoffnung**
→ On a perdu tout espoir de retrouver des survivants. – *Man hat alle Hoffnung aufgegeben, noch Überlebende zu finden.*

heureux [øʀø], **heureuse**
glücklich
→ Qu'est-ce qu'il leur faut encore ? Ils ont tout pour être heureux. – *Was brauchen sie denn noch? Sie haben alles, um glücklich zu sein.*

le miracle [miʀakl]
das **Wunder**
→ Pour y parvenir, il nous faudrait un miracle. – *Um das zu erreichen, bräuchten wir ein Wunder.*

la patience [pasjɑ̃s]
die **Geduld**
→ Sa qualité principale est la patience. – *Seine / Ihre vorrangigste Eigenschaft ist ihre Geduld.*

la pitié [pitje]
das **Mitleid**
→ Ce chien abandonné me fait pitié. – *Dieser herrenlose Hund erregt mein Mitleid.*

plaire [plɛʀ]
gefallen
→ Cette peinture me plaît beaucoup. – *Dieses Gemälde gefällt mir sehr.*

le plaisir [pleziʀ]
das **Vergnügen**
→ Ça me ferait plaisir de refaire du vélo. – *Es würde mir Vergnügen bereiten, wieder Fahrrad zu fahren.*

préféré [pʀefeʀe], **préférée**
Lieblings-
→ Elle passe ses chansons préférées en boucle. – *Sie hört sich ununterbrochen ihre Lieblingslieder an.*

profiter [pʀɔfite]
genießen
→ Depuis qu'il est à la retraite, il profite de la vie. – *Seit er in Rente ist, genießt er sein Leben.*

rire [ʀiʀ]
lachen
→ Le dîner était réussi, nous avons ri toute la soirée. – *Das Essen war ein voller Erfolg, wir haben den ganzen Abend gelacht.*

le sourire [suʀiʀ]
das **Lächeln**
→ Il leur a dit bonjour avec un grand sourire. – *Er grüßte sie mit einem strahlendem Lächeln.*

la surprise [syʀpʀiz]
die **Überraschung**
→ Les enfants préparent une surprise pour la fête des Mères. – *Die Kinder bereiten eine Überraschung zum Muttertag vor.*

volontiers [vɔlɔ̃tje]
gern(e)
→ Son mari fait volontiers la cuisine. – *Ihr Mann kocht gerne.*

NEGATIVE GEFÜHLE

la **colère** [kɔlɛʀ]
die **Wut**
→ Le chef était rouge de colère. – *Der Chef war rot vor Wut.*

craindre [kʀɛ̃dʀ]
fürchten
→ Je crains que l'été ne soit très mauvais cette année. – *Ich fürchte, dass der Sommer dieses Jahr sehr schlecht wird.*

détester [detɛste]
hassen, verabscheuen
→ Je déteste les adieux. – *Ich hasse Abschiede.*

énerver [enɛʀve]
ärgern
→ L'arrogance de ce collègue m'énerve au plus haut point. – *Die Arroganz dieses Kollegen ärgert mich in höchstem Maß.*

haïr ['aiʀ]
hassen
→ Ils haïssent leurs voisins depuis le début. – *Sie haben ihre Nachbarn schon von Anfang an gehasst.*

l'**inconvénient** [ɛ̃kɔ̃venjɑ̃]
der **Nachteil**
→ Quels sont les inconvénients de cette invention ? – *Was sind die Nachteile dieser Erfindung?*

s'inquiéter [sɛ̃kjete]
unruhig werden, sich beunruhigen
→ Ne vous inquiétez pas ! – *Machen Sie sich keine Sorgen!*

la **malchance** [malʃɑ̃s]
das **Pech**
→ Elle est poursuivie par la malchance. – *Sie ist vom Pech verfolgt.*

le **malheur** [malœʀ]
das **Unglück**
→ Il lui est arrivé un grand malheur. – *Ihm ist ein großes Unglück geschehen.*

malheureux [maløʀø], **malheureuse**
unglücklich
→ Elle est malheureuse depuis son divorce. – *Seit ihrer Scheidung ist sie unglücklich.*

mécontent [mekɔ̃tɑ̃], **mécontente**
unzufrieden
→ Il est très mécontent de s'être fait arnaquer. – *Er ist sehr unzufrieden, weil man ihn übers Ohr gehauen hat.*

la **peur** [pœʀ]
die **Angst**
→ Elle a peur des araignées. – *Sie hat Angst vor Spinnen.*

pleurer [plœʀe]
weinen
→ Cet enfant pleure pour un rien. – *Dieses Kind weint wegen jeder Kleinigkeit.*

regretter [ʀ(ə)gʀete]
bedauern
→ Je regrette, je n'ai pas le temps ce soir. – *Ich bedaure, ich habe heute Abend keine Zeit.*

seul [sœl], **seule**
allein
→ Il vit seul depuis que sa femme est morte. – *Er lebt allein, seit seine Frau gestorben ist.*

le **souci** [susi]
die **Sorge**
→ Elle se fait du souci pour ses enfants. – *Sie macht sich Sorgen um ihre Kinder.*

triste [tʀist]
traurig
→ Elle est triste d'avoir perdu son chat. – *Sie ist traurig, ihre Katze verloren zu haben.*

KOCHEN, BACKEN UND VERZEHREN

LEBENSMITTEL

GETRÄNKE

IM RESTAURANT

KOCHEN, BACKEN UND VERZEHREN

cuisiner [kɥizine]
kochen
→ Son mari adore cuisiner. – *Ihr Mann kocht sehr gerne.*

le **repas** [ʀ(ə)pɑ]
das **Essen**
→ À table, le repas est prêt ! – *Zu Tisch, das Essen ist fertig!*

manger [mɑ̃ʒe]
essen
→ Il n'a pas encore mangé aujourd'hui. – *Er hat heute noch nicht gegessen.*

goûter [gute]
probieren
→ J'ai goûté la sauce, elle est trop salée. – *Ich habe die Soße probiert, sie ist versalzen.*

le **petit-déjeuner** [p(ə)tideʒœne]
das **Frühstück**
→ Que prenez-vous pour le petit déjeuner ? Du thé ou du café ? – *Was trinken Sie zum Frühstück? Tee oder Kaffee?*

le **déjeuner** [deʒœne]
das **Mittagessen**
→ Il l'a invitée à déjeuner. – *Er lud sie zum Mittagessen ein.*

le **dîner** [dine]
das **Abendessen**
→ Ils ont des invités pour le dîner. – *Sie haben Gäste zum Abendessen.*

l'**assiette** [asjɛt]
der **Teller**
→ J'ai cassé une assiette en vidant le lave-vaisselle. – *Ich habe beim Ausräumen der Spülmaschine einen Teller zerbrochen.*

les **couverts** [kuvɛʀ]
das **Besteck**
→ J'ai acheté de nouveaux couverts. – *Ich habe neues Besteck gekauft.*

la **cuillère** [kɥijɛʀ]
der **Löffel**
→ Le cuisinier remue la sauce avec une cuillère en bois. – *Der Koch rührt die Sauce mit einem Holzlöffel um.*

la **fourchette** [fuʀʃɛt]
die **Gabel**
→ On pique la viande avec une fourchette. – *Man spießt das Fleisch mit einer Gabel auf.*

le **couteau** [kuto]
das **Messer**
→ Il a toujours son couteau de poche sur lui. – *Er hat immer sein Taschenmesser bei sich.*

couper [kupe]
schneiden
→ Elle coupe le pain avec un couteau. – *Sie schneidet das Brot mit einem Messer.*

la **faim** [fɛ̃]
der **Hunger**
→ C'est bientôt l'heure du déjeuner, j'ai faim ! – *Es ist bald Mittagsessens-zeit, ich habe Hunger!*

affamé [afame], **affamée**
hungrig
→ Elle est rentrée affamée de cette longue promenade. – *Sie kam hungrig von diesem langen Spaziergang zurück.*

délicieux [delisjø], **délicieuse**
lecker
→ Elle avait préparé un dessert délicieux. – *Sie hatte einen leckeren Nachtisch zubereitet.*

le **morceau** [mɔʀso]
das **Stück**
→ Il a pris un gros morceau de gâteau. – *Er nahm sich ein großes Stück Kuchen.*

LEBENSMITTEL

la **charcuterie** [ʃaʀkytʀi]
die **Wurst**
→ En Allemagne, on mange de la charcuterie au dîner. – *In Deutschland isst man Wurst zum Abendessen.*

le **chocolat** [ʃɔkɔla]
die **Schokolade**
→ Il adore le chocolat au lait. – *Er liebt Milchschokolade.*

épicé [epise], **épicée**
scharf
→ La sauce épicée relève le goût de cette viande un peu fade. – *Die würzige Sauce peppt den Geschmack des etwas faden Fleisches auf.*

frais [fʀɛ], **fraîche**
frisch
→ Elle achète toujours des croissants frais pour le petit déjeuner. – *Sie kauft immer frische Croissants zum Frühstück.*

les **fruits** [fʀɥi]
das **Obst**
→ Il ne mange pas beaucoup de fruits. – *Er isst nicht viel Obst.*

le **gâteau** [gɑto]
der **Kuchen**
→ Elle a garni le gâteau d'anniversaire avec des bougies roses. – *Sie verzierte den Geburtstagskuchen mit rosa Kerzen.*

la **glace** [glas]
das **Eis**
→ En dessert, elle prend toujours une glace à la pistache. – *Zum Nachtisch isst sie immer ein Pistazieneis.*

gras [gʀɑ], **grasse**
fett
→ Les aliments gras sont mauvais pour le régime. – *Fette Lebensmittel sind schlecht für die Diät.*

les **légumes** [legym]
das **Gemüse**
→ Elle achète ses légumes au marché. – *Sie kauft ihr Gemüse auf dem Markt.*

mûr [myʀ]
reif
→ Les fruits ne sont pas encore mûrs. – *Die Früchte sind noch nicht reif.*

le **pain** [pɛ̃]
das **Brot**
→ Elle achète son pain dans une petite boulangerie. – *Sie kauft ihr Brot in einer kleinen Bäckerei.*

le **poisson** [pwasɔ̃]
der **Fisch**
→ Ce midi, il y a du poisson au menu. – *Heute Mittag steht Fisch auf der Speisekarte.*

la **pomme** [pɔm]
der **Apfel**
→ On devrait manger une pomme tous les jours, c'est bon pour la santé. – *Man sollte jeden Tag einen Apfel essen, das ist gut für die Gesundheit.*

la **pomme de terre** [pɔmdətɛʀ]
die **Kartoffel**
→ Je déteste éplucher les pommes de terre. – *Ich hasse es Kartoffeln zu schälen.*

le **porc** [pɔʀ]
das **Schweinefleisch**
→ Le porc est une viande assez grasse. – *Schweinefleisch ist ziemlich fettig.*

la **salade** [salad]
der **Salat**
→ En été, elle mange souvent des salades. – *Im Sommer isst sie häufig Salat.*

le **sel** [sɛl]
das **Salz**
→ Il y a trop de sel dans la purée. – *Es ist zu viel Salz im Püree.*

sucré [sykʀe], **sucrée**
süß
→ Elle aime tout ce qui est sucré. – *Sie mag alles, was süß ist.*

le **thé** [te]
der **Tee**
→ Elle boit du thé au petit déjeuner. – *Sie trinkt Tee zum Frühstück.*

la **viande** [vjɑ̃d]
das **Fleisch**
→ Elle achète toujours sa viande chez le boucher. – *Sie kauft ihr Fleisch immer beim Metzger.*

GETRÄNKE

assoiffé [aswafe], **assoiffée**
durstig
→ Après la longue promenade, le chien était assoiffé. – *Nach dem langen Spaziergang war der Hund durstig.*

la **bière** [bjɛʀ]
das **Bier**
→ Sa bière est éventée. – *Sein / Ihr Bier ist schal.*

boire [bwaʀ]
trinken
→ Elle boit un litre d'eau par jour. – *Sie trinkt einen Liter Wasser am Tag.*

la **boisson** [bwasɔ̃]
das **Getränk**
→ L'hiver, on apprécie plus les boissons chaudes. – *Im Winter trinkt man lieber heiße Getränke.*

la **bouteille** [butɛj]
die **Flasche**
→ On m'a offert une bouteille de bon vin blanc. – *Ich habe eine gute Flasche Weißwein geschenkt bekommen.*

le thé [te]
der **Tee**

le café [kafe]
der **Kaffee**

le café noir
der **schwarze Kaffee**

le café express
der **Espresso**

le (grande) créme
der **Milchkaffee**

le (café) crème
der **Milchkaffee**

le café [kafe]
der **Kaffee**
→ Le matin, il boit une grande tasse de café. – *Morgens trinkt er eine riesige Tasse Kaffee.*

l'eau [o]
das **Wasser**
→ Cette eau n'est pas potable, prenez de l'eau minérale en bouteille. – *Dieses Wasser ist nicht trinkbar, nehmen Sie Mineralwasser aus der Flasche.*

l'eau minérale [omineʀal]
das **Mineralwasser**
→ Je ne bois que de l'eau minérale. – *Ich trinke nur Mineralwasser.*

ivre [ivʀ]
betrunken
→ Après deux verres de vin, elle était complètement ivre. – *Nach zwei Gläsern Wein war sie vollkommen betrunken.*

le lait [lɛ]
die **Milch**
→ Il est allergique au lait de vache. – *Er ist allergisch gegen Kuhmilch.*

plein [plɛ̃], **pleine**
voll
→ Il n'a rien bu, la bouteille est encore pleine. – *Er hat nichts getrunken, die Flasche ist noch voll.*

remplir [ʀɑ̃pliʀ]
füllen
→ Elle a rempli la bouteille d'eau. – *Sie füllte die Wasserflasche auf.*

la soif [swaf]
der **Durst**
→ Donne-moi un verre d'eau, j'ai soif. – *Gib mir ein Glas Wasser, ich habe Durst.*

la tasse [tɑs]
die **Tasse**
→ Il boit une tasse de café après le déjeuner. – *Nach dem Mittagessen trinkt er eine Tasse Kaffee.*

le **verre** [vɛʀ]
das **Glas**
→ Il a levé son verre et a porté un toast. – *Er hob sein Glas und sprach einen Toast aus.*

vide [vid]
leer
→ Après la soirée, il ne restait que des bouteilles vides. – *Nach der Party blieben nur leere Flaschen übrig.*

le **vin** [vɛ̃]
der **Wein**
→ Il achète son vin directement chez le producteur. – *Er kauft seinen Wein direkt beim Erzeuger.*

IM RESTAURANT

le **bistro[t]** [bistʀo]
die **Kneipe**
→ Ils ont pris un verre de vin dans un bistrot. – *Sie haben ein Glas Wein in einer Kneipe getrunken.*

le **café** [kafe]
das **Café**
→ On fait une pause et on va s'asseoir dans un café ? – *Machen wir eine Pause und setzen uns in ein Café?*

le **café-restaurant** [kafeʀɛstoʀɑ̃]
die **Gaststätte**
→ Il prend ses repas dans un café-restaurant pas cher. – *Er nimmt seine Mahlzeiten in einer günstigen Gaststätte ein.*

la **carte** [kaʀt]
die **Speisekarte**
→ Pouvez-vous nous apporter la carte, s'il vous plaît ? – *Können Sie uns bitte die Speisekarte bringen?*

choisir [ʃwaziʀ]
auswählen
→ Il choisit toujours les meilleurs vins. – *Er wählt immer die besten Weine aus.*

commander [kɔmɑ̃de]
bestellen
→ Il commande un café. – *Er bestellt einen Kaffee.*

fumer [fyme]
rauchen
→ Depuis peu, il est interdit de fumer dans les lieux publics en France. – *Seit kurzem ist es untersagt, in Frankreich in der Öffentlichkeit zu rauchen.*

le **garçon** [garsɔ̃]
der **Kellner**
→ Garçon, un café ! – *Herr Ober, einen Kaffee!*

le **menu** [məny]
das **Menü**
→ Nous prenons le menu à 18 euros. – *Wir nehmen das Menü zu 18 Euro.*

payer [peje]
bezahlen
→ Je t'invite, c'est moi qui paie. – *Ich zahle, ich lade dich ein.*

la **portion** [pɔrsjɔ̃]
die **Portion**
→ Il a commandé deux portions de frites. – *Er bestellte zwei Portionen Pommes frites.*

le **pourboire** [purbwar]
das **Trinkgeld**
→ Elle lui a laissé un gros pourboire. – *Sie ließ ihm / ihr ein großes Trinkgeld da.*

le **restaurant** [rɛstɔrɑ̃]
das **Restaurant**
→ Je connais un bon restaurant gastronomique. – *Ich kenne ein gutes Gourmetrestaurant.*

le **serveur** [sɛrvœr], la **serveuse**
der **Kellner**, die **Kellnerin**
→ Il a laissé un pourboire à la serveuse. – *Er ließ der Kellnerin ein Trinkgeld da.*

servir [sɛrvir]
bedienen
→ La serveuse sert les clients du restaurant. – *Die Kellnerin bedient die Restaurantgäste.*

GUT ANGEZOGEN

SCHUHE UND ACCESSOIRES

la **chemise** [ʃ(ə)miz]
das **Hemd**
→ Elle lui a offert une chemise et une cravate assortie. – *Sie schenkte ihm ein Hemd und eine passende Krawatte.*

chic [ʃik]
schick
→ Elle a toujours des vêtements chic. – *Sie hat immer schicke Kleider an.*

le **costume** [kɔstym]
der **Anzug**
→ Il portait un costume gris et une cravate assortie. – *Er trug einen grauen Anzug und eine passende Krawatte.*

le **coton** [kɔtɔ̃]
die **Baumwolle**
→ Elle ne porte que des vêtements en coton. – *Sie trägt nur Kleidung aus Baumwolle.*

enlever [ɑ̃lve]
ausziehen, abnehmen
→ Enlève ton écharpe et ton bonnet, il fait beau maintenant. – *Zieh deinen Schal und deine Mütze aus, jetzt ist das Wetter schön.*

essayer [eseje]
anprobieren
→ Vous pouvez essayer le pantalon dans la cabine. – *Sie können die Hose in der Umkleidekabine anprobieren.*

le **jean** [dʒin]
die **Jeans**
→ Il porte toujours un jean et un blouson marron. – *Er trägt immer eine Jeans und eine braune Jacke.*

la **jupe** [ʒyp]
der **Rock**
→ À la soirée, elle portait une longue jupe noire. – *Zur Abendveranstaltung trug sie einen langen schwarzen Rock.*

le **manteau** [mɑ̃to]
der **Mantel**
→ En hiver, elle met un manteau de laine. – *Im Winter zieht sie einen Wollmantel an.*

la **mode** [mɔd]
die **Mode**
→ Elle ne s'intéresse pas à la mode. – *Sie interessiert sich nicht für Mode.*

le **pantalon** [pɑ̃talɔ̃]
die **Hose**
→ Elle est toujours en pantalon. – *Sie trägt immer Hosen.*

la **poche** [pɔʃ]
die **Tasche**,
die **Hosen-, Jackentasche**
→ Mes clés sont dans la poche de ma veste. – *Meine Schlüssel sind in meiner Jackentasche.*

le **pull-over** [pylɔvɛʀ]
der **Pullover**
→ Mets un pull-over, il fait froid. – *Zieh einen Pullover an, es ist kalt.*

la **qualité** [kalite]
die **Qualität**
→ Ces chaussures sont de mauvaise qualité. – *Diese Schuhe haben eine schlechte Qualität.*

la **robe** [ʀɔb]
das **Kleid**
→ Elle portait une robe simple et légère. – *Sie trug ein schlichtes, leichtes Kleid.*

s'habiller [sabije]
sich anziehen
→ Habille-toi chaudement, il fait très froid. – *Zieh dich warm an, es ist sehr kalt.*

la **taille** [tɑj]
die **(Kleider)größe**
→ Le chemisier est trop petit, il te faut la taille au-dessus. – *Die Bluse ist zu klein, du brauchst eine Nummer größer.*

le **trou** [tʀu]
das **Loch**
→ Aux puces, j'ai trouvé un jean de bonne qualité et sans trous. – *Ich habe auf dem Flohmarkt eine gute Jeans ohne Löcher gefunden.*

le **t-shirt** [tiʃœʀt]
das **T-Shirt**
→ Pour les vacances d'été, je n'emmène que des t-shirts et des shorts. – *Ich nehme nur T-Shirts und kurze Hosen mit in den Sommerurlaub.*

la **veste** [vɛst]
die **Jacke**
→ Il a taché la veste de son costume. – *Er beschmierte die Jacke seines Anzugs.*

le **vêtement** [vɛtmɑ̃]
das **Kleidungsstück**,
die **Kleidung**
→ Elle a acheté de nouveaux vêtements. – *Sie kaufte neue Kleidung.*

SCHUHE UND ACCESSOIRES

l'**argent** [aʀʒɑ̃]
das **Silber**
→ Il lui donna un anneau en argent. – *Er schenkte ihr einen Ring aus Silber.*

la **bague** [bag]
der **Ring**
→ Elle portait une bague à chaque doigt. – *Sie trug an jedem Finger einen Ring.*

le **chapeau** [ʃapo]
der **Hut**
→ Il me faut un chapeau de paille pour l'été. – *Ich brauche einen Strohhut für den Sommer.*

la **chaussette** [ʃosɛt]
die **Socke**
→ Il ne met que des chaussettes en coton. – *Er zieht nur Baumwollsocken an.*

la **chaussure** [ʃosyʀ]
der **Schuh**
→ Elle s'achète souvent de nouvelles chaussures. – *Sie kauft sich oft neue Schuhe.*

l'**écharpe** [eʃaʀp]
der **Schal**
→ En hiver, il ne faut pas oublier son écharpe et son bonnet. – *Im Winter darf man Schal und Mütze nicht vergessen.*

les **lunettes** [lynɛt]
die **Brille**
→ Sans lunettes, il ne voit rien. – *Ohne Brille sieht er nichts.*

les **lunettes de soleil**
die **Sonnenbrille**
→ Je mets mes lunettes de soleil, car le soleil me gêne. – *Ich setze meine Sonnenbrille auf, denn die Sonne stört mich.*

l'**or** [ɔʀ]
das **Gold**
→ Elle ne porte que des bijoux en or. – *Sie trägt nur Schmuck aus Gold.*

le **parapluie** [paʀaplɥi]
der **Regenschirm**
→ Avez-vous pensé à prendre un parapluie ? – *Haben Sie daran gedacht, einen Regenschirm mitzunehmen?*

le **sac** [sak]
die **Handtasche**
→ Mon portefeuille et mes clés sont dans mon sac. – *Meine Brieftasche und meine Schlüssel sind in meiner Handtasche.*

EINKAUFEN

BEZAHLEN

EINKAUFEN

acheter [aʃ(ə)te]
kaufen
→ Je n'achèterai plus rien chez ce commerçant, il est trop cher. – *Ich werde nichts mehr bei diesem Händler kaufen, er ist zu teuer.*

la **boucherie** [buʃʀi]
die **Metzgerei**
→ Elle a commandé un gigot d'agneau à la boucherie. – *Sie bestellte in der Metzgerei eine Lammkeule.*

la **boulangerie** [bulɑ̃ʒəʀi]
die **Bäckerei**
→ Il achète des croissants et une baguette dans une boulangerie. – *Er kauft in einer Bäckerei Croissants und ein Baguette.*

économiser [ekɔnɔmize]
sparen
→ Elle économise chaque mois un peu pour se payer des vacances. – *Sie spart jeden Monat ein bisschen, um sich einen Urlaub leisten zu können.*

le baiser ≠ das Baiser

Christine, eine deutsche Austauschschülerin, betritt eine kleine Bäckerei in Lyon. Sie lächelt den Bäcker an und sagt höflich: « Je voudrais deux baisers, s'il vous plaît. » Der Bäcker errötet, schaut das Mädchen irritiert an und antwortet verlegen: « Mademoiselle, mais je ne vous connais pas. Voulez-vous peut-être deux croissants ? » – « Non, donnez-moi deux baisers, s'il vous plaît. Ceux-là ! » sagt Christine beharrlich und deutet auf die Baisers in der Auslage. Nun lacht der Bäcker erleichtert, packt ihr zwei Baisers ein und schenkt ihr ein drittes dazu.

! Die Schülerin hat **le baiser** = *der Kuss* mit **la meringue** = *das Baiser* verwechselt und den Bäcker damit in Verlegenheit gebracht.

le **magasin** [magazɛ̃]
der **Laden**
→ Ma voisine travaille dans un magasin de jouets. – *Meine Nachbarin arbeitet in einem Spielzeugladen.*

le **marché** [maʀʃe]
der **Markt**
→ Tous les samedis, elle fait son marché. – *Sie geht jeden Samstag auf den Markt.*

le **sachet** [saʃɛ]
die **Tüte**
→ Il range ses courses dans un sachet en papier. – *Er packt seine Einkäufe in eine Papiertasche.*

le **supermarché** [sypɛʀmaʀʃe]
der **Supermarkt**
→ Il fait ses courses au supermarché chaque samedi. – *Er kauft jeden Samstag im Supermarkt ein.*

BEZAHLEN

l'**argent** [aʀʒɑ̃]
das **Geld**
→ Peux-tu me prêter un peu d'argent ? – *Kannst du mir etwas Geld leihen?*

avantageux [avɑ̃taʒø], **avantageuse**
günstig
→ Pendant les soldes, on peut acheter à des prix avantageux. – *Während des Schlussverkaufs kann man günstig einkaufen.*

la **banque** [bɑ̃k]
die **Bank**
→ Il a déposé son argent à la banque. – *Er zahlte sein Geld bei der Bank ein.*

la **caisse** [kɛs]
die **Kasse**
→ Nous avons fait la queue à la caisse du cinéma. – *Wir standen an der Kinokasse Schlange.*

cher [ʃɛʀ], **chère**
teuer
→ Cette voiture est trop chère pour moi. – *Dieser Wagen ist zu teuer für mich.*

coûter [kute]
kosten
→ Combien coûte ce manteau ? – *Wie viel kostet dieser Mantel?*

dépenser [depɑ̃se]
ausgeben
→ Ils ont dépensé beaucoup d'argent cet été en vacances. – *Sie haben diesen Sommer in den Ferien viel Geld ausgegeben.*

donner [dɔne]
geben
→ Sa mère lui donne dix euros d'argent de poche par semaine. – *Seine / Ihre Mutter gibt ihm / ihr jede Woche zehn Euro Taschengeld.*

les **frais** [fʀɛ]
die **Kosten**
→ Qui paie les frais de déplacement ? – *Wer zahlt die Reisekosten?*

payer [peje]
bezahlen
→ Elle a oublié de payer le loyer. – *Sie hat vergessen die Miete zu bezahlen.*

la **pièce** [pjɛs]
die **Münze**
→ Elle a payé avec deux pièces de deux euros. – *Sie bezahlte mit zwei 2-Euro-Münzen.*

le **porte-monnaie** [pɔʀt(ə)mɔnɛ]
das **Portemonnaie**
→ On m'a volé mon porte-monnaie dans un grand magasin. – *Mein Portemonnaie wurde mir in einem Kaufhaus gestohlen.*

le **prix** [pʀi]
der **Preis**
→ Le prix n'est pas indiqué. – *Der Preis ist nicht angegeben.*

signer [siɲe]
unterschreiben
→ Il faut que vous signiez en bas. – *Sie müssen unten unterschreiben.*

valoir [valwaʀ]
kosten
→ Sa nouvelle bague vaut au moins mille euros. – *Sein / Ihr neuer Ring kostet mindestens tausend Euro.*

AKTIVITÄTEN IM ALLTAG

MEIN ZUHAUSE

allumer [alyme]
einschalten
→ Allume la lampe, s'il te plaît ! – *Schalte bitte die Lampe ein!*

appuyer [apɥije]
drücken
→ Il faut appuyer sur le bouton de droite pour ouvrir la porte. – *Man muss auf den rechten Knopf drücken, um die Tür zu öffnen.*

avoir besoin [avwaʀbəzwɛ̃]
brauchen
→ Certaines plantes ont besoin de beaucoup de lumière. – *Bestimmte Pflanzen brauchen viel Licht.*

cacher [kaʃe]
verstecken
→ Les lettres sont cachées dans ma chambre. – *Die Briefe sind in meinem Zimmer versteckt.*

chercher [ʃɛʀʃe]
suchen
→ Ils cherchent un appartement plus grand. – *Sie suchen eine größere Wohnung.*

coller [kɔle]
kleben; aufkleben
→ J'ai oublié de coller un timbre sur l'enveloppe. – *Ich habe vergessen, eine Briefmarke auf den Umschlag zu kleben.*

éteindre [etɛ̃dʀ]
ausschalten
→ J'ai oublié d'éteindre la lumière cette nuit. – *Ich habe heute Nacht vergessen, das Licht auszuschalten.*

fermer [fɛʀme]
schließen; zumachen
→ Ces vieilles fenêtres ferment mal. – *Diese alten Fenster schließen schlecht.*

garder [gaʀde]
behalten
→ Il a gardé un double du contrat. – *Er behielt eine Kopie des Vertrags.*

laisser [lɛse]
lassen
→ Il a laissé la porte ouverte. – *Er ließ die Tür offen.*

laver [lave]
waschen
→ Il faut laver ce pull à la main. – *Man muss diesen Pullover mit der Hand waschen.*

nettoyer [netwaje]
putzen
→ Il est temps de nettoyer la salle de bains. – *Es ist Zeit das Badezimmer zu putzen.*

oublier [ublije]
vergessen
→ J'ai oublié mon parapluie au cinéma. – *Ich habe meinen Regenschirm im Kino vergessen.*

ouvrir [uvʀiʀ]
öffnen
→ J'ai ouvert la fenêtre pour aérer. – *Ich habe das Fenster zum Lüften geöffnet.*

perdre [pɛʀdʀ]
verlieren
→ Il a perdu son portefeuille avec tous ses papiers. – *Er hat seine Brieftasche mit all seinen Papieren verloren.*

prêter [pʀete]
ausleihen
→ Elle prête volontiers ses affaires. – *Sie leiht gern ihre Sachen aus.*

les couverts ≠ das Kuvert

Marie-Hélène bereitet das Abendessen in der Küche zu. Sie hat es eilig, deshalb ruft sie Katrin, ihrem Au-pair-Mädchen aus Berlin, zu: « Katrin, tu peux mettre la table, s'il te plaît ? Tu trouveras les assiettes et les couverts dans le placard. » Katrin ist erst seit zwei Wochen in Frankreich und sehr schüchtern. Sie traut sich nicht nachzufragen. Sie nimmt Teller, Messer, Gabel und Kuverts aus dem Schrank und steckt das Besteck in die Kuverts. Marie-Hélène kommt aus der Küche und fragt irritiert: « Mais pourquoi as-tu mis les couverts dans des enveloppes ? » Nun versteht Katrin das Missverständnis und beide lachen herzlich.

! Katrin hat **le couvert** = *das Besteck* mit dem *Kuvert* = **l'enveloppe** verwechselt und deshalb das Besteck in das Kuvert gesteckt.

tenir [t(ə)niʀ]
halten
→ Il tient son fils par la main pour traverser la rue. – *Er hält seinen Sohn an der Hand, um die Straße zu überqueren.*

tirer [tiʀe]
ziehen
→ Le garçon a tiré la fille par les cheveux. – *Der Junge zog das Mädchen an den Haaren.*

tourner [tuʀne]
drehen
→ Il a tourné la clé dans la serrure et la porte s'est ouverte. – *Er drehte den Schlüssel im Schloss um und die Tür ging auf.*

trouver [tʀuve]
finden
→ Je ne trouve plus mes clés depuis hier. – *Ich finde seit gestern meine Schlüssel nicht mehr.*

utiliser [ytilize]
benutzen
→ Elle utilise Internet pour ses recherches. – *Sie benutzt das Internet für ihre Recherche.*

vivre [vivʀ]
leben; wohnen
→ Certains ne vivent que pour leur travail. – *Manche leben nur für ihre Arbeit.*

MEIN ZUHAUSE

l'**appartement** [apaʀtəmɑ̃]
die **Wohnung**
→ Ils ont acheté un grand appartement en banlieue. – *Sie haben eine große Wohnung am Stadtrand gekauft.*

l'**armoire** [aʀmwaʀ]
der **Kleiderschrank**
→ Son armoire est pleine de vêtements qu'elle ne met pas. – *Ihr Kleiderschrank ist voller Kleidung, die sie nicht trägt.*

l'**ascenseur** [asɑ̃sœʀ]
der **Aufzug**,
der **Fahrstuhl**
→ Il a pris l'ascenseur pour monter au cinquième étage. – *Er nahm den Aufzug in den fünften Stock.*

le **balcon** [balkɔ̃]
der **Balkon**
→ Leur appartement a deux balcons. – *Ihre Wohnung hat zwei Balkone.*

le **bazar** [bazaʀ]
das **Zeug**
→ Retire ton bazar de mon bureau, je te prie ! – *Ich bitte dich, nimm dein Zeug von meinem Schreibtisch!*

la **boîte** [bwat]
die **Packung,** die **Schachtel**
→ Elle a apporté une boîte de chocolats. – *Sie brachte eine Schachtel Pralinen mit.*

le **canapé** [kanape]
das **Sofa**
→ Mamie s'est endormie sur le canapé du salon. – *Oma ist auf dem Sofa im Wohnzimmer eingeschlafen.*

la **chaise** [ʃɛz]
der **Stuhl**
→ Ils ont acheté de nouvelles chaises de jardin. – *Sie haben neue Gartenstühle gekauft.*

la **chambre** [ʃɑ̃bʀ]
das **Schlafzimmer**
→ Leur chambre à coucher donne sur un grand jardin. – *Ihr Schlafzimmer geht zu einem großen Garten hin.*

la **clé** [kle]
der **Schlüssel**
→ Je ne trouve plus les clés de l'appartement. – *Ich finde die Wohnungsschlüssel nicht mehr.*

le **courant** [kuʀɑ̃]
der **Strom**
→ Le courant est coupé. – *Der Strom ist abgeschaltet.*

la **cuisine** [kɥizin]
die **Küche**
→ La cuisine est ma pièce préférée. – *Die Küche ist mein Lieblingszimmer.*

la **cuisinière** [kɥizinjɛʀ]
der **Herd**
→ Elle a posé la casserole sur la plaque de la cuisinière. – *Sie stellte den Schmortopf auf die Herdplatte.*

les **déchets** [deʃɛ]
der **Abfall**
→ Les déchets industriels polluent les rivières. – *Die Industrieabfälle verschmutzen die Flüsse.*

le **drap** [dʀa]
das **Bettlaken**
→ Il a acheté des draps rouges. – *Er kaufte rote Bettlaken.*

électrique [elɛktʀik]
elektrisch
→ Elle a reçu une décharge électrique. – *Sie bekam einen elektrischen Schlag.*

l'**entrée** [ɑ̃tʀe]
der **Eingang**
→ Cette maison a deux entrées. – *Dieses Haus hat zwei Eingänge.*

entrer [ɑ̃tʀe]
hereinkommen
→ Entrez, s'il vous plaît. – *Bitte, kommen Sie herein.*

l'**escalier** [ɛskalje]
die **Treppe**
→ L'escalier est étroit. – *Die Treppe ist eng.*

l'**étage** [etaʒ]
das **Stockwerk**
→ L'appartement est à quel étage ? – *In welchem Stockwerk ist die Wohnung?*

la **fenêtre** [f(ə)nɛtʀ]
das **Fenster**
→ Il est devant la fenêtre et regarde le paysage. – *Er steht vor dem Fenster und schaut sich die Landschaft an.*

le **jardin** [ʒaʀdɛ̃]
der **Garten**
→ Ils ont un grand jardin devant la maison. – *Sie haben einen großen Garten vor dem Haus.*

la **lampe** [lɑ̃p]
die **Lampe**
→ Ils ont acheté une lampe à halogène. – *Sie haben eine Halogenlampe gekauft.*

le **lit** [li]
das **Bett**
→ Je voudrais une chambre avec un grand lit. – *Ich hätte gerne ein Zimmer mit einem großen Bett.*

louer [lwe]
mieten
→ Elle loue un studio près de la gare. – *Sie mietet eine Einzimmerwohnung in der Nähe des Bahnhofs.*

le **loyer** [lwaje]
die **Miete**
→ Quel est le montant du loyer ? – *Wie hoch ist die Miete?*

la **lumière** [lymjɛʀ]
das **Licht**
→ N'oublie pas d'éteindre la lumière en partant. – *Vergiss nicht das Licht auszuschalten, wenn du gehst.*

la **machine** [maʃin]
die **Maschine**
→ Il y a toutes sortes de machines dans cet atelier. – *Es gibt allerlei Maschinen in dieser Werkstatt.*

la **maison** [mɛzɔ̃]
das **Haus**
→ Je rêve d'avoir une grande maison à la campagne. – *Ich träume davon, ein großes Haus auf dem Land zu haben.*

manquer [mɑ̃ke]
fehlen
→ Il manque une fourchette sur la table. – *Es fehlt eine Gabel auf dem Tisch.*

le **meuble** [mœbl]
das **Möbelstück**
→ Nous devons acheter de nouveaux meubles. – *Wir müssen neue Möbel kaufen.*

le **mouchoir** [muʃwaʀ]
das **Taschentuch**
→ As-tu besoin d'un mouchoir ? – *Brauchst du ein Taschentuch?*

le **mur** [myʀ]
die **Wand**
→ Elle a accroché des posters sur les murs de sa chambre. – *Sie hing Poster an ihren Wänden im Zimmer auf.*

l'**objet** [ɔbʒɛ]
der **Gegenstand**
→ Lequel de ces objets vous semble utile ? – *Welcher dieser Gegenstände scheint Ihnen nützlich?*

l'**oreiller** [ɔʀeje]
das **Kopfkissen**
→ Je préfère dormir avec un petit oreiller. – *Ich schlafe lieber mit einem kleinen Kopfkissen.*

l'**outil** [uti]
das **Werkzeug**
→ J'ai besoin de nouveaux outils pour monter les meubles. – *Ich brauche neues Werkzeug, um die Möbel zusammenzubauen.*

ouvert [uvɛʀ], **ouverte**
offen
→ La porte est restée ouverte toute la nuit. – *Die Tür stand die ganze Nacht offen.*

le **papier** [papje]
das **Papier**
→ Auriez-vous un sac en papier, s'il vous plaît ? – *Hätten Sie bitte eine Papiertüte?*

partager [paʀtaʒe]
teilen
→ Les deux frères partagent la même chambre. – *Die beiden Brüder teilen sich ein Zimmer.*

la **pièce** [pjɛs]
das **Zimmer**
→ Ils cherchent un appartement de trois pièces. – *Sie suchen eine Dreizimmerwohnung.*

la **pile** [pil]
die **Batterie**
→ Mon rasoir fonctionne à piles. – *Mein Rasierer läuft mit Batterien.*

le **portail** [pɔʀtaj]
das **Tor**
→ Le portail de la villa est en fer forgé. – *Das Tor der Villa ist schmiedeeisern.*

la **porte** [pɔʀt]
die **Tür**
→ Elle ferme toujours sa porte à clé. – *Sie schließt immer die Tür ab.*

le **réfrigérateur** [ʀefʀiʒeʀatœʀ]
der **Kühlschrank**
→ Il range le beurre dans le réfrigérateur. – *Er räumt die Butter in den Kühlschrank.*

le **salon** [salɔ̃]
das **Wohnzimmer**
→ Leur salon fait plus de trente mètres carrés. – *Ihr Wohnzimmer ist über dreißig Quadratmeter groß.*

sonner [sɔne]
klingeln
→ Le téléphone n'arrête pas de sonner. – *Das Telefon hört nicht auf zu klingeln.*

la **sortie** [sɔʀti]
der **Ausgang**
→ La station de métro a plusieurs sorties. – *Die U-Bahn-Haltestelle hat mehrere Ausgänge.*

la **table** [tabl]
der **Tisch**
→ Il a posé les assiettes et les verres sur la table. – *Er stellte die Teller und die Gläser auf den Tisch.*

le **tableau** [tablo]
das **Bild**
→ J'ai accroché un magnifique tableau au mur de ma chambre. – *Ich habe ein wunderschönes Bild an die Wand in meinem Zimmer gehängt.*

le **toit** [twa]
das **Dach**
→ La maison a un toit de tuiles rouges. – *Das Haus hat ein rotes Ziegeldach.*

la **vitre** [vitʀ]
die **Scheibe**
→ Les enfants ont cassé une vitre en jouant au ballon. – *Die Kinder haben beim Ballspielen eine Scheibe zerbrochen.*

la **vue** [vy]
der **Ausblick**
→ De leur balcon, la vue sur la ville est magnifique. – *Von ihrem Balkon aus haben sie einen wunderschönen Blick über die Stadt.*

WALD UND FELD

TIERE UND PFLANZEN

WETTER UND KLIMA

DIE JAHRESZEITEN

DIE HIMMELSRICHTUNGEN

WALD UND FELD

l'**arbre** [aʀbʀ]
der **Baum**
→ Ils ont beaucoup d'arbres fruitiers dans leur jardin. – *Sie haben viele Obstbäume in ihrem Garten.*

la **campagne** [kɑ̃paɲ]
das **Land**
→ Ils préfèrent vivre à la campagne. – *Sie leben lieber auf dem Land.*

le **champ** [ʃɑ̃]
das **Feld**
→ Le village est entouré d'immenses champs de blé. – *Das Dorf ist von riesigen Weizenfeldern umgeben.*

le **fleuve** [flœv]
der **Fluss**
→ La Loire est le plus long fleuve de France. – *Die Loire ist der längste Fluss Frankreichs.*

le **lac** [lak]
der **See**
→ Elle loue une petite maison au bord d'un lac. – *Sie vermietet ein kleines Haus am Seeufer.*

la **mer** [mɛʀ]
das **Meer**
→ La mer est agitée, les bateaux restent au port. – *Das Meer ist stürmisch, die Schiffe bleiben im Hafen.*

le **monde** [mɔ̃d]
die **Welt**
→ Elle veut visiter tous les pays du monde. – *Sie will alle Länder dieser Welt bereisen.*

la **montagne** [mɔ̃taɲ]
der **Berg**
→ Elle passe ses vacances à la montagne. – *Sie verbringt ihre Ferien in den Bergen.*

le **paysage** [peizaʒ]
die **Landschaft**
→ Quel paysage magnifique ! – *Was für eine herrliche Landschaft!*

la **pierre** [pjɛʀ]
der **Stein**
→ Un bloc de pierre s'est détaché de la falaise. – *Ein Steinbrocken löste sich vom Felsen.*

la **terre** [tɛʀ]
die **Erde**
→ Tes chaussures sont pleines de terre. – *Deine Schuhe sind voller Erde.*

TIERE UND PFLANZEN

l'**animal** [animal]
das **Tier**
→ Pour son anniversaire, elle veut un animal de domestique. – *Zum Geburtstag möchte sie ein Haustier.*

le **chat** [ʃa]
die **Katze**
→ Les chats ronronnent quand on les caresse. – *Katzen schnurren, wenn man sie streichelt.*

le **cheval** [ʃ(ə)val]
das **Pferd**
→ Elle a un cheval qu'elle adore. – *Sie hat ein Pferd, das sie sehr liebt.*

le **chien** [ʃjɛ̃]
der **Hund**
→ Il sort son chien deux fois par jour. – *Er geht mit seinem Hund zweimal am Tag Gassi.*

le poison ≠ der Fisch
le rat ≠ der Rat

Ein Vater aus München fährt mit seiner ganzen Familie nach Paris. Er ist sehr stolz auf seine neuen Französischkenntnisse, die er in einem Volkshochschulkurs erworben hat. Am Abend will er seiner Familie im Restaurant vorführen, was er gelernt hat. Da er die Speisekarte nicht ganz versteht, fragt er den Ober: « Pourriez-vous me donner un rat ? » Der Kellner reagiert verärgert: « Monsieur, dans notre restaurant il n'y a ni rats ni souris ! » Der Vater versteht nicht und fragt weiter: « Alors, quel poison pourriez-vous nous recommander ? »

! Oh je, da hat der Familienvater einiges verwechselt: Er bat den Ober um *eine Ratte* = **le rat** statt um *einen Rat* = **le conseil.** Zum Essen wäre **le poisson** = *der Fisch* wesentlich bekömmlicher als **le poison** = *das Gift!*

le **cochon** [kɔʃɔ̃]
das **Schwein**
→ Il a un élevage de cochons en Bretagne. – *Er hat eine Schweinezucht in der Bretagne.*

la **fleur** [flœʀ]
die **Blume**
→ Elle arrose ses fleurs régulièrement. – *Sie gießt regelmäßig ihre Blumen.*

la **forêt** [fɔʀɛ]
der **Wald**
→ Ils se promènent dans la forêt. – *Sie gehen im Wald spazieren.*

l'**oiseau** [wazo]
der **Vogel**
→ Il observe les petits oiseaux dans la nature. – *Er beobachtet die kleinen Vögel in der Natur.*

la **vache** [vaʃ]
die **Kuh**
→ En Inde, la vache est un animal sacré. – *In Indien ist die Kuh ein heiliges Tier.*

WETTER UND KLIMA

l'**air** [ɛʀ]
die **Luft**
→ Ils vont en montagne pour respirer l'air frais. – *Sie fahren in die Berge, um frische Luft zu bekommen.*

bas [bɑ], **basse**
niedrig
→ Les températures sont très basses pour la saison. – *Die Temperaturen sind für die Jahreszeit sehr niedrig.*

chaud [ʃo], **chaude**
warm
→ Il fait chaud. – *Es ist warm.*

le **ciel** [sjɛl]
der **Himmel**
→ Le ciel est très nuageux. – *Der Himmel ist sehr bewölkt.*

l'**étoile** [etwal]
der **Stern**
→ Elle était dans l'herbe et contemplait les étoiles. – *Sie saß im Gras und betrachtete die Sterne.*

froid [fʀwa], **froide**
kalt
→ Mets un pull-over, il fait froid. – *Zieh einen Pullover an, es ist kalt.*

la **lune** [lyn]
der **Mond**
→ Oh, regarde comme la lune est belle ! – *Oh, schau mal, wie schön der Mond ist!*

la **neige** [nɛʒ]
der **Schnee**
→ Hier, il est tombé trente centimètres de neige. – *Gestern sind dreißig Zentimeter Schnee gefallen.*

le **nuage** [nɥaʒ]
die **Wolke**
→ Un gros nuage noir annonce l'orage. – *Eine große schwarze Wolke kündigt das Gewitter an.*

l'**ombre** [ɔ̃bʀ]
der **Schatten**
→ Je t'attends sur le banc à l'ombre. – *Ich warte auf der Bank im Schatten auf dich.*

pleuvoir [pløvwaʀ]
regnen
→ Il pleut depuis une semaine. – *Es regnet seit einer Woche.*

la **pluie** [plɥi]
der **Regen**
→ La pluie tombe depuis deux jours. – *Seit zwei Tagen fällt Regen.*

sec [sɛk], **sèche**
trocken
→ L'été a été très sec. – *Der Sommer war sehr trocken.*

le **soleil** [sɔlɛj]
die **Sonne**
→ Ne reste pas trop longtemps au soleil. – *Bleib nicht zu lange in der Sonne.*

le **temps** [tɑ̃]
das **Wetter**
→ La météo prévoit un temps lourd et orageux pour demain. – *Der Wetterbericht sagt schwüles, gewittriges Wetter für morgen vorher.*

le **vent** [vɑ̃]
der **Wind**
→ Le vent souffle fort aujourd'hui. – *Der Wind weht heute stark.*

DIE JAHRESZEITEN

la **saison** [sɛzɔ̃]
die **Jahreszeit**
→ Le temps est trop chaud pour la saison. – *Das Wetter ist zu heiß für die Jahreszeit.*

le **printemps** [pʀɛ̃tɑ̃]
der **Frühling**
→ Le printemps est la plus belle des saisons. – *Der Frühling ist die schönste Jahreszeit.*

l'**été** [ete]
der **Sommer**
→ L'été, nous allons souvent à la plage. – *Im Sommer gehen wir oft an den Strand.*

l'**automne** [otɔn]
der **Herbst**
→ L'automne arrive, les feuilles commencent à tomber. – *Der Herbst kommt, die Blätter fangen an zu fallen.*

l'**hiver** [ivɛʀ]
der **Winter**
→ En hiver, je vais faire du ski. – *Im Winter gehe ich Ski fahren.*

DIE HIMMELSRICHTUNGEN

le **nord** [nɔʀ]
der **Norden**
→ Ma chambre est exposée au nord. – *Mein Zimmer ist nach Norden ausgerichtet.*

l'**est** [ɛst]
der **Osten**
→ Le soleil se lève à l'est. – *Die Sonne geht im Osten auf.*

le **sud** [syd]
der **Süden**
→ Leur maison est exposée au sud. – *Ihr Haus ist nach Süden ausgerichtet.*

l'**ouest** [wɛst]
der **Westen**
→ Le soleil se couche à l'ouest. – *Die Sonne geht im Westen unter.*

RAUM & ZEIT

ORT UND RICHTUNG

DIE UHRZEIT

TAGESZEITEN

WOCHENTAGE

MONATE

WEITERE ZEITBEGRIFFE

au-dessous de
unter
→ Elle a eu une note au-dessous de la moyenne. – *Sie hat eine Note unter dem Durchschnitt bekommen.*

au-dessus de [odəsydə]
über
→ Il a accroché une lampe au-dessus du canapé. – *Er hing eine Lampe über dem Sofa auf.*

le **coin** [kwɛ̃]
die **Ecke**
→ Au coin de la rue, il y a une pâtisserie. – *An der Straßenecke gibt es eine Konditorei.*

dans [dɑ̃]
in
→ La clé est dans le tiroir. – *Der Schlüssel liegt in der Schublade.*

de [də]
von; aus
→ D'où êtes-vous ? De Marseille. – *Woher kommen Sie? Aus Marseille.*

dehors [dəɔʀ]
draußen
→ Quand il fait beau, les enfants jouent dehors. – *Wenn es schön ist, spielen die Kinder draußen.*

derrière [dɛʀjɛʀ]
hinter; hinten
→ Il s'est caché derrière la porte. – *Er versteckte sich hinter der Tür.*

la **direction** [diʀɛksjɔ̃]
die **Richtung**
→ Les voleurs ont pris la direction de la gare. – *Die Diebe sind in Richtung Bahnhof gelaufen.*

droit [dʀwa], **droite**
rechte(r, s)
→ La plupart des gens écrivent de la main droite. – *Die meisten Leute schreiben mit der rechten Hand.*

en [ɑ̃]
in; nach
→ Ils prennent le train pour aller en Allemagne. – *Sie fahren mit dem Zug nach Deutschland.*

entre [ɑ̃tʀ]
zwischen
→ Je serai chez moi entre deux et trois heures de l'après-midi. – *Ich werde am Nachmittag zwischen zwei und drei Uhr zu Hause sein.*

gauche [goʃ]
links
→ Au prochain feu, tournez à gauche. – *An der nächsten Ampel biegen Sie links ab.*

ici [isi]
hier
→ Vous les connaissez bien ? Oui, ils habitent ici depuis dix ans. – *Kennen Sie sie gut? Ja, sie wohnen hier seit zehn Jahren.*

là [la]
da
→ Tu pars ? Non, je reste là encore un peu. – *Du gehst? Nein, ich bleibe noch ein bisschen da.*

là-bas [laba]
dort
→ La rue de la gare, c'est là-bas après le feu. – *Die Straße zum Bahnhof ist dort hinter der Ampel.*

le **lieu** [ljø]
der **Ort**
→ Quel est votre lieu de naissance ? – *Was ist Ihr Geburtsort?*

loin [lwɛ̃]
weit
→ Elle travaille loin de chez elle. – *Sie arbeitet weit weg von zu Hause.*

le **milieu** [miljø]
die **Mitte**
→ La table est au milieu de la salle à manger. – *Der Tisch steht in der Mitte des Esszimmers.*

où [u]
wo; wohin
→ Il ne sait pas où elle habite. – *Er weiß nicht, wo sie wohnt.*

partout [paʀtu]
überall
→ Aujourd'hui, il a plu partout en France. – *Heute hat es in Frankreich überall geregnet.*

près [pʀɛ]
nah
→ Il s'est approché tout près de la cheminée. – *Er setzte sich ganz nah an den Kamin.*

sous [su]
unter
→ Ils se sont abrités sous un arbre. – *Sie stellten sich unter einen Baum.*

sur [syʀ]
auf
→ Elle a posé le vase sur la table. – *Sie stellte die Vase auf den Tisch.*

vers [vɛʀ]
bei
→ Ils habitent vers Lyon. – *Sie wohnen bei Lyon.*

DIE UHRZEIT

à [a]
um, an
→ Il commence son travail à huit heures. – *Er beginnt seine Arbeit um acht Uhr.*

à [a]
um; bis
→ À demain! – *Bis morgen!*

demi [d(ə)mi], **demie**
halb
→ Elle est restée une heure et demie. – *Sie ist anderthalb Stunden geblieben.*

l'**heure**[1] [œʀ]
die **Uhr**
→ Ils se lèvent à sept heures du matin. – *Sie stehen morgens um sieben Uhr auf.*

l'**heure**[2] [œʀ]
die **Stunde**
→ Je t'attends depuis une heure. – *Ich warte seit einer Stunde auf dich.*

la **minute** [minyt]
die **Minute**
→ Le cours dure quarante-cinq minutes. – *Die Unterrichtsstunde dauert 45 Minuten.*

la **montre** [mɔ̃tʀ]
die **Uhr**
→ Il a acheté une nouvelle montre. – *Er kaufte eine neue Uhr.*

pile [pil]
genau, Punkt ...
→ Il arrive toujours à l'heure pile. – *Er kommt immer auf die Minute genau!*

le **réveil** [ʀevɛj]
der **Wecker**
→ Son réveil sonne chaque matin à sept heures. – *Sein / Ihr Wecker klingelt jeden Morgen um sieben Uhr.*

se lever [səl(ə)ve]
aufstehen
→ Les enfants se lèvent tôt pour aller à l'école. – *Die Kinder stehen früh auf, um in die Schule zu gehen.*

se réveiller [səʀeveje]
aufwachen
→ Elle s'est réveillée au milieu de la nuit. – *Sie ist mitten in der Nacht aufgewacht.*

la **seconde** [s(ə)gɔ̃d]
die **Sekunde**
→ Ce réveil n'affiche pas les secondes. – *Dieser Wecker zeigt die Sekunden nicht an!*

vers [vɛʀ]
gegen
→ Il viendra vers midi. – *Er wird gegen Mittag kommen.*

DIE TAGESZEITEN

l'**après-midi** [apʀɛmidi]
der **Nachmittag**
→ Ils ont joué aux cartes tout l'après-midi. - *Sie haben den ganzen Nachmittag Karten gespielt.*

le **matin** [matɛ̃]
der **Morgen**
→ Tous les matins, il part au travail à sept heures. - *Jeden Morgen geht er um sieben Uhr zur Arbeit.*

la **matinée** [matine]
der **Vormittag**
→ J'ai passé la matinée à ranger la maison. - *Ich habe den Vormittag damit verbracht, das Haus aufzuräumen.*

le **midi** [midi]
der **Mittag**
→ Le midi, il mange au restaurant de l'entreprise. - *Mittags isst er in der Firmenkantine.*

le **minuit** [minɥi]
Mitternacht
→ À minuit, ils fêtent la nouvelle année. - *Um Mitternacht feiern sie das neue Jahr.*

la **nuit** [nɥi]
die **Nacht**
→ L'accident est arrivé dans la nuit de vendredi à samedi. - *Der Unfall ist in der Nacht von Freitag auf Samstag passiert.*

le **soir** [swaʀ]
abends
→ Ma fille voudrait toujours sortir le soir. - *Meine Tochter würde abends gerne immer ausgehen.*

la **soirée** [swaʀe]
der **Abend**
→ Nous avons passé une agréable soirée au théâtre. - *Wir haben einen angenehmen Abend im Theater verbracht.*

DIE WOCHENTAGE

le **jour** [ʒuʀ]
der **Tag**
→ Ils arriveront dans deux jours. – *Sie werden in zwei Tagen ankommen.*

la **semaine** [s(ə)mɛn]
die **Woche**
→ Elle est fatiguée, elle a eu une semaine très chargée. – *Sie ist müde, sie hatte eine sehr volle Woche.*

le **lundi** [lœ̃di]
der **Montag**
→ Venez lundi prochain à 15 heures. – *Kommt / Kommen Sie nächsten Montag um 15 Uhr!*

le **mardi** [maʀdi]
der **Dienstag**
→ À mardi ! – *Bis Dienstag!*

le **mercredi** [mɛʀkʀədi]
der **Mittwoch**
→ Elle va au sauna tous les mercredis. – *Sie geht jeden Mittwoch in die Sauna.*

le **jeudi** [ʒødi]
der **Donnerstag**
→ Il m'a donné rendez-vous jeudi à 14 heures. – *Er hat sich mit mir für Donnerstag um 14 Uhr verabredet.*

le **vendredi** [vɑ̃dʀədi]
der **Freitag**
→ Vendredi dernier, je suis allé au cinéma. – *Letzten Freitag bin ich ins Kino gegangen.*

le **samedi** [samdi]
der **Samstag**
→ Le samedi est jour de marché. – *Samstag ist Markttag.*

le **dimanche** [dimɑ̃ʃ]
der **Sonntag**
→ Il est chez son père un dimanche sur deux. – *Jeden zweiten Sonntag ist er bei seinem Vater.*

le **week-end** [wikɛnd]
das **Wochenende**
→ Ils passent chaque week-end dans leur maison de campagne. – *Sie verbringen jedes Wochenende in ihrem Landhaus.*

DIE MONATE

le **mois** [mwa]
der **Monat**
→ Je travaille ici depuis cinq mois. – *Ich arbeite seit fünf Monaten hier.*

le **janvier** [ʒɑ̃vje]
der **Januar**
→ Il a neigé tout le mois de janvier. – *Es hat den ganzen Januar über geschneit.*

le **février** [fevʀije]
der **Februar**
→ Elle a pris une semaine de vacances en février. – *Sie nahm sich im Februar eine Woche Urlaub.*

le **mars** [maʀs]
der **März**
→ Le printemps commence en mars. – *Der Frühling beginnt im März.*

l'**avril** [avʀil]
der **April**
→ Les arbres fruitiers fleurissent en avril. – *Die Obstbäume blühen im April.*

le **mai** [mɛ]
der **Mai**
→ J'aime flâner dans Paris au mois de mai. – *Ich liebe es, im Mai durch Paris zu flanieren.*

le **juin** [ʒɥɛ̃]
der **Juni**
→ Les vacances scolaires commencent fin juin. – *Die Schulferien beginnen Ende Juni.*

le **juillet** [ʒɥijɛ]
der **Juli**
→ Nous partons en vacances à la fin du mois de juillet. – *Wir fahren Ende Juli in die Ferien.*

l'**août** [u(t)]
der **August**
→ Au mois d'août, la plupart des Français partent en vacances. – *Im August fahren die meisten Franzosen in Urlaub.*

le **septembre** [sɛptɑ̃bʀ]
der **September**
→ Septembre est le mois de la rentrée. – *Der September ist der Monat nach der Sommerpause.*

l'**octobre** [ɔktɔbʀ]
der **Oktober**
→ Elle fêtera ses vingt ans au mois d'octobre. – *Sie wird ihren 20. Geburtstag im Oktober feiern.*

le **novembre** [nɔvɑ̃bʀ]
der **November**
→ Elle devra s'absenter du 15 au 30 novembre. – *Sie wird vom 15. bis zum 30. November nicht da sein.*

le **décembre** [desɑ̃bʀ]
der **Dezember**
→ Au mois de décembre, le chômage était en hausse. – *Im Dezember stieg die Arbeitslosigkeit.*

WEITERE ZEITBEGRIFFE

ancien [ɑ̃sjɛ̃], **ancienne**
ehemalig
→ J'ai rencontré mon ancien chef à une conférence. – *Ich habe meinen ehemaligen Chef auf einer Konferenz getroffen.*

l'**année** [ane]
das **Jahr**
→ Elle s'est mariée l'année dernière. – *Sie heiratete im vergangenen Jahr.*

après [apʀɛ]
nach
→ J'irai faire les courses après le travail. – *Nach der Arbeit werde ich einkaufen gehen.*

après-demain
[apʀɛd(ə)mɛ̃]
übermorgen
→ Elle rentrera après-demain dans la soirée. – *Sie wird übermorgen im Verlauf des Abends zurückkommen.*

aujourd'hui [oʒuʀdɥi]
heute
→ Aujourd'hui, l'entrée des musées est gratuite. – *Heute ist der Eintritt in den Museen frei.*

avant [avɑ̃]
bevor
→ Il m'a téléphoné avant de venir. – *Er rief mich an, bevor er kam.*

avant-hier [avɑ̃tjɛʀ]
vorgestern
→ Il a fait très beau hier et avant-hier. – *Gestern und vorgestern war es sehr schön.*

bientôt [bjɛ̃to]
bald
→ Au revoir, je reviendrai bientôt. – *Auf Wiedersehen, ich komme bald wieder.*

chaque fois [ʃakfwa]
jedes Mal
→ Chaque fois qu'il vient, il apporte un petit cadeau. – *Jedesmal wenn er kommt, bringt er ein kleines Geschenk mit.*

commencer [kɔmɑ̃se]
anfangen; beginnen
→ Les cours commencent à 8 heures. – *Der Unterricht fängt um 8 Uhr an.*

continuellement [kɔ̃tinɥɛlmɑ̃]
ständig
→ La secrétaire est continuellement dérangée par le téléphone. – *Die Sekretärin wird ständig vom Telefon gestört.*

d'abord [dabɔʀ]
zuerst
→ Réfléchissons d'abord, nous répondrons ensuite. – *Lasst uns zuerst nachdenken und dann antworten.*

la **date** [dat]
das **Datum**
→ Quelle est votre date de naissance ? – *Was ist Ihr Geburtsdatum?*

déjà [deʒa]
schon; bereits
→ Le temps passe vite : il est déjà midi ! – *Die Zeit vergeht schnell: Es ist schon Mittag!*

demain [dəmɛ̃]
morgen
→ Demain, je ne travaille pas. – *Morgen arbeite ich nicht.*

depuis [dəpɥi]
seit
→ Il est à la retraite depuis un mois. – *Er ist seit einem Monat in Rente.*

dernier [dɛʀnje], **dernière**
letzte(r, s)
→ C'est son dernier jour à Paris, il rentre demain. – *Es ist sein letzter Tag in Paris, morgen fährt er zurück.*

dès que [dɛkə]
sobald
→ Prévenez-moi dès qu'il sera là. – *Benachrichtigen Sie mich, sobald er da ist.*

durer [dyʀe]
dauern
→ Le film dure deux heures à peu près. – *Der Film dauert ungefähr zwei Stunden.*

encore [ɑ̃kɔʀ]
noch
→ Ne fais pas de bruit, elle dort encore. – *Mach keinen Lärm, sie schläft noch.*

enfin [ɑ̃fɛ̃]
endlich
→ Il est enfin arrivé deux heures après. – *Zwei Stunden später ist er endlich angekommen.*

ensuite [ɑ̃sɥit]
dann
→ Finis tes devoirs, ensuite tu pourras jouer. – *Mach deine Hausaufgaben fertig, dann kannst du spielen.*

entre-temps [ɑ̃tʀətɑ̃]
inzwischen
→ Elle est allée chercher du pain et entre-temps son fils a appelé. – *Sie ging Brot holen und inzwischen rief ihr Sohn an.*

la **fin** [fɛ̃]
das **Ende**
→ Je n'ai pas vu la fin du film. – *Ich habe das Ende des Films nicht gesehen.*

fréquemment [fʀekamɑ̃]
häufig
→ Il téléphone fréquemment à ses parents. – *Er telefoniert häufig mit seinen Eltern.*

hier [jɛʀ]
gestern
→ Je l'ai lu dans le journal d'hier. – *Ich habe es in der Zeitung von gestern gelesen.*

jamais [ʒamɛ]
jemals
→ Si jamais elle t'en parlait, ne lui dis surtout rien. – *Wenn sie jemals mit dir darüber sprechen sollte, sag ihr ja nichts.*

jusqu'à [ʒyska]
bis
→ Il travaille jusqu'à 19 heures. – *Er arbeitet bis 19 Uhr.*

longtemps [lɔ̃tɑ̃]
lange
→ Il l'a attendue longtemps mais elle n'est pas venue. – *Er wartete lange auf sie, aber sie kam nicht.*

maintenant [mɛ̃t(ə)nɑ̃]
jetzt; nun
→ Venez un peu plus tard, je n'ai pas le temps maintenant. – *Kommen Sie etwas später, ich habe jetzt keine Zeit.*

le **moment** [mɔmɑ̃]
die **Weile**
→ Elle est partie depuis un bon moment. – *Sie ist (schon) vor einer ganzen Weile gegangen.*

ne ... jamais [nə … ʒamɛ]
nie
→ Il n'a jamais pris l'avion. – *Er ist noch nie geflogen.*

parfois [paʀfwa]
manchmal
→ Elles se téléphonent parfois. – *Sie telefonieren manchmal miteinander.*

pendant [pɑ̃dɑ̃]
während
→ Elle a lu pendant tout le voyage. – *Sie hat während der ganzen Reise gelesen.*

prochain [pʀɔʃɛ̃], **prochaine**
nächste(r, s)
→ Elle descend à la prochaine station. – *Sie steigt an der nächsten Haltestelle aus.*

quand [kɑ̃]
wann
→ Quand arriverez-vous ? Demain soir. – *Wann kommt ihr an? Morgen Abend.*

quotidien [kɔtidjɛ̃], **quotidienne**
täglich
→ Elle fait sa promenade quotidienne dans le parc. – *Sie macht ihren täglichen Spaziergang im Park.*

soudain [sudɛ̃]
plötzlich
→ Soudain, il s'est mis à pleuvoir. – *Plötzlich fing es an zu regnen.*

souvent [suvɑ̃]
oft
→ Il pleut souvent en cette saison. – *Es regnet oft zu dieser Jahreszeit.*

tant que [tɑ̃kə]
solange
→ Allons sur la plage tant qu'il fait beau. – *Gehen wir zum Strand, solange es schön ist.*

tard [taʀ]
spät
→ Il rentre souvent tard le soir. – *Er kommt oft spät am Abend heim.*

le **temps** [tɑ̃]
die **Zeit**
→ Il faut du temps pour faire ce travail. – *Man braucht Zeit, um diese Arbeit zu machen.*

terminer [tɛʀmine]
beenden
→ Il n'a pas encore terminé ses études. – *Er hat sein Studium noch nicht beendet.*

tôt [to]
früh
→ Il a horreur de se lever tôt. – *Er hasst es früh aufzustehen.*

toujours [tuʒuʀ]
immer
→ Il est toujours à l'heure. – *Er ist immer pünktlich.*

tout de suite
sofort
→ Je reviens tout de suite. Attends-moi. – *Ich komme sofort wieder. Warte auf mich.*

tout d'un coup
auf einmal
→ Tout d'un coup, il s'est levé et il est parti. – *Auf einmal ist er aufgestanden und gegangen.*

DER JOB

SCHULE UND AUSBILDUNG

DER JOB

le **bureau** [byʀo]
das **Büro**
→ Elle va au bureau en métro. – *Sie fährt mit der U-Bahn ins Büro.*

le **chômage** [ʃomaʒ]
die **Arbeitslosigkeit**
→ Le gouvernement veut lutter contre le chômage. – *Die Regierung will gegen Arbeitslosigkeit ankämpfen.*

le **collègue** [kɔ(l)lɛg], la **collègue**
der **Kollege**, die **Kollegin**
→ Il déjeune souvent avec ses collègues. – *Er geht oft mit seinen Kollegen Mittagessen.*

le **congé** [kɔ̃ʒe]
der **Urlaub**
→ La secrétaire est en congé. – *Die Sekretärin ist im Urlaub.*

l'**entreprise** [ɑ̃tʀəpʀiz]
das **Unternehmen**
→ Ma mère travaille dans une petite entreprise familiale. – *Meine Mutter arbeitet in einem kleinen Familienunternehmen.*

le **métier** [metje]
der **Beruf**
→ Qu'est-ce que vous faites comme métier ? – *Was machen Sie beruflich?*

l'**objectif** [ɔbʒɛktif]
der **Zweck, das Ziel**
→ L'entreprise a réalisé ses objectifs commerciaux. – *Das Unternehmen hat seine kaufmännischen Ziele erfüllt.*

occupé [ɔkype], **occupée**
beschäftigt; besetzt
→ Le directeur est très occupé en ce moment. – *Der Direktor ist im Moment sehr beschäftigt.*

la **peine** [pɛn]
die **Mühe**
→ Il se donne beaucoup de peine pour trouver du travail. – *Er gibt sich viel Mühe, Arbeit zu finden.*

la **profession** [pʀɔfesjɔ̃]
der **Beruf**
→ Quelle est votre profession ? – Je suis informaticien. – *Was sind Sie von Beruf? - Ich bin Informatiker.*

le **projet** [pʀɔʒɛ]
der **Plan**
→ Ils font des projets d'avenir. – *Sie schmieden Zukunftspläne.*

réussir [ʀeysiʀ]
Erfolg haben
→ Mon frère a bien réussi dans la vie, il est médecin. – *Mein Bruder ist recht erfolgreich im Leben, er ist Arzt.*

la **situation** [sitɥasjɔ̃]
die **Lage**
→ L'entreprise est dans une situation difficile. – *Das Unternehmen befindet sich in einer schwierigen Lage.*

le **succès** [syksɛ]
der **Erfolg**
→ Le succès de l'entreprise est son objectif principal. – *Der Erfolg des Unternehmens ist sein Hauptziel.*

le **travail** [tʀavaj]
die **Arbeit**
→ Elle a beaucoup de travail en ce moment. – *Sie hat momentan viel Arbeit.*

travailler [tʀavaje]
arbeiten
→ Il a travaillé toute sa vie dans un bureau. – *Er hat sein ganzes Leben in einem Büro gearbeitet.*

SCHULE UND AUSBILDUNG

apprendre [apʀɑ̃dʀ]
lernen
→ Ils apprennent l'anglais. – *Sie lernen Englisch.*

l'**attention** [atɑ̃sjɔ̃]
die **Aufmerksamkeit**
→ Les étudiants écoutent leur professeur avec grande attention. – *Die Studenten hören ihrem Professor mit großer Aufmerksamkeit zu.*

le **baccalauréat** [bakalɔʀea]
das **Abitur**
→ Les élèves de terminale passeront leur baccalauréat en juin. – *Die Schüler der Abschlussklasse werden ihr Abitur im Juni ablegen.*

le **calme** [kalm]
die **Ruhe**
→ J'ai besoin de calme pour me concentrer. – *Ich brauche Ruhe, um mich zu konzentrieren.*

la **classe** [klɑs]
die **Klasse**
→ Nos deux filles sont dans la même classe. – *Unsere beiden Töchter sind in derselben Klasse.*

le **collège** [kɔlɛʒ]
die **weiterführende Schule** (Sekundarstufe I)
→ Après le primaire, tous les enfants vont au collège. – *Nach der Grundschule gehen alle Kinder ins Collège.*

comprendre [kɔ̃pʀɑ̃dʀ]
verstehen
→ Elle n'a pas compris l'énoncé de l'exercice. – *Sie verstand die Aufgabenstellung nicht.*

continuer [kɔ̃tinɥe]
weitermachen, fortfahren
→ Vous avez bien commencé – continuez, vous y arriverez. – *Sie haben gut angefangen – machen Sie weiter, Sie werden es schaffen.*

tourner ≠ turnen
le gymnase ≠ das Gymnasium

Zwei Brieffreundinnen, Marine aus Rennes und Sonja aus Hamburg, telefonieren miteinander. Marine erzählt: « Ce soir, je vais au gymnase. » Sonja fragt ungläubig nach: « Je savais que tu allais à l'école l'après-midi, mais le soir je ne savais pas... » Marie-Claire klärt Sonja auf: « Non, tu as raison. Je vais au lycée le matin et l'après-midi. Le soir je vais au gymnase pour faire du sport. » Sonja: « Ah j'ai compris. Et quel sport ? Tu tournes ? » Marie-Claire lacht: « Oui, c'est un peu ça. Je fais de la gymnastique. »

! Am Telefon entstehen schnell Missverständnisse. So hat Sonja die *Turnhalle* = **le gymnase** mit dem *Gymnasium* = **le lycée** verwechselt. Und außerdem dachte sie, dass **tourner** *(= drehen) turnen* (= **faire de la gymnastique**) heißt.

difficile [difisil]
schwierig
→ Les élèves ont un difficile exercice de géométrie à faire. - *Die Schüler müssen eine schwierige Geometrieaufgabe machen.*

l'école [ekɔl]
die **Schule**
→ Ses parents l'ont mis dans une école privée. - *Seine Eltern haben ihn auf eine Privatschule geschickt.*

l'école élémentaire
die **Grundschule**
→ L'école élémentaire commence à six ans. - *Die Grundschule fängt mit sechs Jahren an.*

écrire [ekʀiʀ]
schreiben
→ Mon fils doit écrire un poème pour demain. - *Mein Sohn muss für morgen ein Gedicht schreiben.*

l'élève [elɛv], **l'élève**
der **Schüler**, die **Schülerin**
→ Dans ma classe, il y a trente élèves. - *In meiner Klasse sind dreißig Schüler.*

essayer [eseje]
versuchen; probieren
→ Il essaie de trouver une solution satisfaisante pour tous. - *Er versucht, eine für alle zufriedenstellende Lösung zu finden.*

l'étudiant [etydjɑ̃]
l'étudiante
der **Student**, die **Studentin**
→ Elle est étudiante à l'université. - *Sie ist Studentin an der Universität.*

l'exemple [ɛgzɑ̃pl]
das **Beispiel**
→ Pouvez-vous nous donner un exemple ? - *Können Sie uns ein Beispiel geben?*

expliquer [ɛksplike]
erklären
→ Le professeur explique les règles de grammaire. - *Der Lehrer erklärt die Grammatikregeln.*

facile [fasil]
einfach
→ Cet exercice est beaucoup trop facile. - *Diese Übung ist viel zu einfach.*

la **faute** [fot]
der **Fehler**
→ Elle fait encore des fautes d'orthographe. - *Sie macht noch Rechtschreibfehler.*

faux [fo], **fausse**
falsch
→ Le candidat a donné une réponse fausse à la première question. - *Der Kandidat gab eine falsche Antwort auf die erste Frage.*

finir [finiʀ]
fertig machen
→ Finis d'abord tes devoirs, tu joueras après. – *Mach zuerst deine Hausaufgaben fertig, danach kannst du spielen.*

la **formation** [fɔʀmasjɔ̃]
die **Ausbildung**
→ Nicolas suit une formation de vendeur. – *Nicolas macht eine Ausbildung als Einzelhandelskaufmann.*

le **lycée** [lise]
die **weiterführende Schule** (Sekundarstufe II / gymnasiale Oberstufe)
→ Ma fille a dix-sept ans, elle est au lycée. – *Meine Tochter ist siebzehn, sie ist in der Oberstufe.*

le **niveau** [nivo]
das **Niveau**
→ Le niveau de la classe est lamentable. – *Das Klassenniveau ist erbärmlich.*

la **page** [paʒ]
die **Seite**
→ La page 20 est déchirée. – *Die Seite 20 ist zerrissen.*

le **professeur** [pʀɔfesœʀ], la **professeur**
der **Lehrer**, die **Lehrerin**
→ Elle est professeur de français. – *Sie ist Französischlehrerin.*

savoir [savwaʀ]
wissen
→ Je ne sais pas s'il est au courant. – *Ich weiß nicht, ob er auf dem Laufenden ist.*

le **stage** [staʒ]
das **Praktikum**
→ À la fin de son stage en entreprise, elle doit rédiger un mémoire. – *Am Ende des Praktikums muss sie einen Bericht schreiben.*

le **stylo** [stilo]
der **Füller**
→ Peux-tu me prêter un stylo, s'il te plaît ? – *Kannst du mir bitte einen Füller leihen?*

l'**université** [yniveʀsite]
die **Universität**
→ Elle est professeur dans une université parisienne. – *Sie ist Professorin an einer Pariser Universität.*

le **vacances (scolaires)** [vakɑ̃s (skɔlɛʀ)]
die **(Schul)ferien**
→ Les vacances scolaires d'été durent plus de deux mois en France. – *Die Sommerschulferien in Frankreich dauern mehr als zwei Monate.*

IN DER GESELLSCHAFT LEBEN

FESTE UND FEIERTAGE

la conséquence [kɔ̃sekɑ̃s]
die **Folge**
→ La guerre a eu des conséquences tragiques. – *Der Krieg hatte tragische Folgen.*

la culpabilité [kylpabilite]
die **Schuld**
→ Le juge est convaincu de sa culpabilité. – *Der Richter ist von seiner / ihrer Schuld überzeugt.*

le droit [dʀwa]
das **Recht**
→ Les jeunes ont manifesté pour revendiquer leurs droits. – *Die Jugendlichen haben demonstriert, um ihre Rechte einzufordern.*

l'État [eta]
der **Staat**
→ Plusieurs chefs d'État se sont réunis à Bruxelles. – *Mehrere Staatschefs sind in Brüssel zusammengekommen.*

le gouvernement [guvɛʀnəmɑ̃]
die **Regierung**
→ Ce gouvernement mène une politique de gauche. – *Diese Regierung betreibt eine linksorientierte Politik.*

la guerre [gɛʀ]
der **Krieg**
→ La guerre a éclaté entre les deux pays. – *Zwischen den zwei Ländern ist Krieg ausgebrochen.*

l'impôt [ɛ̃po]
die **Steuer**
→ Il a enfin payé ses impôts annuels. – *Er hat endlich seine jährlichen Steuern bezahlt.*

la paix [pɛ]
der **Frieden**
→ La paix reste fragile entre ces deux pays. – *Der Frieden zwischen diesen beiden Ländern bleibt unsicher.*

le pays [pei]
das **Land**
→ Il vient de quel pays ? – *Aus welchem Land kommt er?*

la **police** [pɔlis]
die **Polizei**
→ Il a immédiatement appelé la police. – *Er rief sofort die Polizei.*

le **policier** [pɔlisje], la **policière**
der **Polizist**, die **Polizistin**
→ Un policier surveille la maison. – *Ein Polizist überwacht das Haus.*

la **politique** [pɔlitik]
die **Politik**
→ Elle ne s'intéresse pas à la politique. – *Sie interessiert sich nicht für Politik.*

la **preuve** [pʀœv]
der **Beweis**
→ Vous n'avez aucune preuve. – *Sie haben keinen Beweis.*

la **prison** [pʀizɔ̃]
das **Gefängnis**
→ Ils lui rendent visite en prison. – *Sie besuchen ihn / sie im Gefängnis.*

le **public** [pyblik]
die **Öffentlichkeit**
→ Il a déclaré en public qu'il était candidat à l'élection. – *Er erklärte in der Öffentlichkeit, dass er als Wahlkandidat antritt.*

public [pyblik], **publique**
öffentlich
→ Les délibérations du tribunal ne sont pas publiques. – *Die Gerichtsverhandlungen sind nicht öffentlich.*

la **queue** [kø]
die **Schlange**
→ La queue devant la boîte de nuit faisait au moins cent mètres. – *Die Schlange vor der Disko war mindestens 100 Meter lang.*

la **taxe** [taks]
die **Gebühr**
→ L'État perçoit des taxes sur beaucoup de produits. – *Der Staat erhebt auf viele Produkte Gebühren.*

voler [vɔle]
stehlen
→ On a volé mon sac. – *Meine Tasche wurde gestohlen.*

le **voleur** [vɔlœʀ], la **voleuse**
der **Dieb**, die **Diebin**
→ Le voleur a été pris par la police. – *Der Dieb wurde von der Polizei gefasst.*

FESTE UND FEIERTAGE

le **dieu** [djø]
der **Gott**
→ Les Égyptiens croyaient en plusieurs dieux. - *Die Ägypter glaubten an mehrere Götter.*

la **fête** [fɛt]
das **Fest**
→ Le 14 juillet, c'est un jour de fête ! - *Der 14. Juli ist ein Feiertag.*

fêter [fete]
feiern
→ Ils ont fêté son anniversaire avec des amis. - *Sie haben seinen / ihren Geburtstag mit Freunden gefeiert.*

le **jour de l'An**
der **Neujahrstag**
→ Venez donc le jour de l'An ! - *Kommt doch am Neujahrstag vorbei!*

le **jour férié**
der **Feiertag**
→ Les jours fériés, toute la famille est réunie. - *An den Feiertagen ist die ganze Familie vereint.*

Noël [nɔɛl]
Weihnachten
→ La famille est réunie pour Noël. - *Die Familie ist zu Weihnachten vereint.*

le **Nouvel An**
das **Neujahr**
→ Je vous souhaite tous mes meilleurs voeux pour le Nouvel An. - *Ich wünsche Ihnen / euch alles Gute für das neue Jahr!*

Pâques [pɑk]
Ostern
→ Ils sont partis à la campagne pour les vacances de Pâques. - *Sie sind in den Osterferien aufs Land gefahren.*

la **Saint-Sylvestre** [sɛ̃silvɛstʀ]
das **Silvester**
→ Où passez-vous la Saint-Sylvestre ? - *Wo feiern Sie/feiert ihr Silvester?*

INTERNET, TELEFON UND COMPUTER

POST UND E-MAIL

PRESSE, RADIO UND FERNSEHEN

INTERNET, TELEFON UND COMPUTER

le **clavier** [klavje]
die **Tastatur**
→ J'ai acheté un nouveau clavier pour mon ordinateur. - *Ich habe eine neue Tastatur für meinen Computer gekauft.*

compter [kɔ̃te]
zählen
→ Elle compte les jours jusqu'aux prochaines vacances. - *Sie zählt die Tage bis zu den nächsten Ferien.*

Internet [ɛ̃tɛʀnɛt]
das **Internet**
→ Il cherche souvent des informations sur Internet. - *Er sucht oft Informationen im Internet.*

interrompre [ɛ̃teʀɔ̃pʀ]
unterbrechen
→ Nous devons interrompre notre émission pour un bulletin spécial. - *Wir müssen unsere Sendung wegen eines Sonderberichts unterbrechen.*

joindre [ʒwɛ̃dʀ]
erreichen
→ J'ai réussi à la joindre par téléphone. - *Ich habe es geschafft, sie telefonisch zu erreichen.*

l'**ordinateur** [ɔʀdinatœʀ]
der **Computer**
→ Il s'est acheté un nouvel ordinateur plus performant. - *Er hat sich einen neuen, leistungsstärkeren Computer gekauft.*

le **portable** [pɔʀtabl]
das **Mobiltelefon,**
der **Laptop**
→ On peut toujours la joindre sur son portable. - *Man kann sie immer auf ihrem Mobiltelefon erreichen.*

le **site (Internet)** [sit]
die **Website**
→ Tu connais un site Internet où je peux trouver des locations de vacances ? - *Kennst du eine Website, wo ich Ferienwohnungen finden kann?*

raccrocher [ʀakʀɔʃe]
aufhängen
→ Il lui a dit au revoir et il a raccroché. - *Er sagte ihm / ihr auf Wiedersehen und legte auf.*

le **téléphone** [telefɔn]
das **Telefon**
→ Le téléphone sonne sans arrêt depuis ce matin. - *Das Telefon läutet seit heute Morgen ununterbrochen.*

téléphoner [telefɔne]
anrufen; telefonieren
→ La secrétaire téléphone à tous les clients. – *Die Sekretärin ruft alle Kunden an.*

le **texto** [tɛksto]
die **SMS**
→ Je t'envoie un texto si je viens. – *Ich schicke dir eine SMS, wenn ich komme.*

POST UND E-MAIL

l'**adresse e-mail**
die **E-Mail-Adresse**
→ Mon adresse e-mail est leroux, arrobas, info, point, fr. (leroux@info.fr) – *Meine E-Mail-Adresse ist leroux, at, info, dot, fr. (leroux@info.fr)*

le **courrier électronique**
die **E-Mail**
→ Aujourd'hui, il est quasiment impossible de travailler sans courrier électronique. – *Heutzutage ist es quasi unmöglich, ohne E-Mail zu arbeiten.*

la **carte postale**
die **(Post)karte**
→ Lisa a acheté des cartes postales de Paris. – *Lisa hat Ansichtskarten von Paris gekauft.*

l'**e-mail** [imɛl]
E-Mail
→ Je n'ai pas le temps de lire mes nouveaux e-mails chaque jour. – *Ich habe keine Zeit, jeden Tag meine neuen E-Mails zu lesen.*

la **lettre** [lɛtʀ]
der **Brief**
→ Il n'a pas encore répondu à ma lettre. – *Er hat noch nicht auf meinen Brief geantwortet.*

la **poste** [pɔst]
die **Post**
→ Il a été chercher son colis à la poste. – *Er holte sein Paket auf der Post ab.*

le **timbre** [tɛ̃bʀ]
die **Briefmarke**
→ N'oublie pas de mettre un timbre sur l'enveloppe. – *Vergiss nicht, eine Briefmarke auf den Umschlag zu kleben.*

PRESSE, RADIO UND FERNSEHEN

les **actualités** [aktɥalite]
die **Nachrichten**
→ À vingt heures, c'est l'heure des actualités. – *Um zwanzig Uhr ist es Zeit für die Nachrichten.*

les **informations** [ɛ̃fɔʀmatjɔ̃]
die **Nachrichten**
→ Il regarde les informations à la télé à vingt heures. – *Er schaut um acht Uhr die Nachrichten im Fernsehen.*

l'**interview** [ɛ̃tɛʀvju]
das **Interview**
→ Le ministre a accordé une interview aux journalistes. – *Der Minister hat den Journalisten ein Interview gegeben.*

le **journal** [ʒuʀnal]
die **Zeitung**
→ Il lit son journal en prenant son petit déjeuner. – *Er liest während des Frühstücks seine Zeitung.*

le **magazine** [magazin]
die **Zeitschrift**
→ Elle ne lit que des magazines féminins. – *Sie liest nur Frauenzeitschriften.*

les **nouvelles** [nuvɛl]
die **Nachrichten**
→ Aujourd'hui, je ne veux pas manquer les nouvelles. – *Heute will ich die Nachrichten nicht verpassen.*

la **radio** [ʀadjo]
das **Radio**
→ Le matin, j'allume la radio et je prépare le petit-déjeuner. – *Morgens schalte ich das Radio ein und bereite das Frühstück zu.*

la **télévision** [televizjɔ̃], la **télé**
der **Fernseher;**
das **Fernsehen**
→ Ma télé est tombée en panne hier soir. – *Mein Fernseher hatte gestern Abend eine Störung.*

la **vedette** [vədɛt]
der **Star**
→ Beaucoup de vedettes participent à cette émission. – *Viele Stars nehmen an dieser Sendung teil.*

MIT ÖFFENTLICHEN VERKEHRSMITTELN

IM STRASSENVERKEHR

AUF REISEN

MIT ÖFFENTLICHEN VERKEHRSMITTELN

l'arrêt [aʀɛ]
die **Haltestelle**
→ Chaque jour, elle attend le bus à cet arrêt. – *Jeden Tag wartet sie an dieser Haltestelle auf den Bus.*

attendre [atɑ̃dʀ]
warten
→ Il attend sa fille à la sortie de l'école. – *Er wartet nach Schulschluss auf seine Tochter.*

le billet [bijɛ]
die **Fahrkarte**
→ Les voyageurs doivent composter leur billet avant de monter dans le train. – *Die Reisenden müssen ihre Fahrkarte entwerten, bevor sie in den Zug steigen.*

le bus [bys]
der **Bus**
→ Les élèves prennent le bus pour aller à l'école. – *Die Schüler fahren mit dem Bus zur Schule.*

changer [ʃɑ̃ʒe]
ändern; wechseln; umsteigen
→ Elle a changé de train à Paris. – *Sie ist in Paris umgestiegen.*

descendre [desɑ̃dʀ]
aussteigen
→ Je descends à la prochaine station. – *Ich steige an der nächsten Haltestelle aus.*

la gare [gaʀ]
der **Bahnhof**
→ Elle attend son ami devant la gare. – *Sie wartet vor dem Bahnhof auf ihren Freund.*

le métro [metʀo]
die **U-Bahn**
→ Où est la station de métro la plus proche ? – *Wo ist die nächste U-Bahn-Haltestelle?*

monter [mɔ̃te]
steigen; einsteigen
→ Il est monté dans le train. – *Er ist in den Zug eingestiegen.*

la place [plas]
der **(Sitz)platz;** die **Karte**
→ Je voudrais deux places, s'il vous plaît. – *Ich möchte zwei Karten, bitte.*

prendre [pʀɑ̃dʀ]
nehmen
→ Je vous conseille de prendre le bus. – *Ich rate Ihnen / euch, den Bus zu nehmen.*

le **quai** [ke]
der **Bahnsteig**
→ Je t'attendrai sur le quai de la gare. - *Ich werde dich am Bahnsteig erwarten.*

le **retard** [ʀ(ə)taʀ]
die **Verspätung**
→ Le train est arrivé avec deux heures de retard. - *Der Zug kam mit zweistündiger Verspätung.*

se dépêcher [sədepeʃe]
sich beeilen
→ Il faut que je me dépêche, je suis en retard. - *Ich muss mich beeilen, ich bin zu spät.*

le **train** [tʀɛ̃]
der **Zug**; die **Bahn**
→ Le train pour Paris a un retard de trente minutes. - *Der Zug nach Paris hat dreißig Minuten Verspätung.*

le **tramway** [tʀamwɛ]
die **Straßenbahn**
→ Il a pris le tram pour aller au bureau. - *Er nahm die Straßenbahn, um ins Büro zu fahren.*

la **voie** [vwa]
das **Gleis**
→ Le train pour Nantes entre en gare sur la voie 2. - *Der Zug nach Nantes fährt auf Gleis 2 ein.*

IM STRASSENVERKEHR

l'**autoroute** [otoʀut]
die **Autobahn**
→ Sur les autoroutes françaises, la vitesse maximum autorisée est de 130 kilomètres à l'heure. - *Auf den französischen Autobahnen ist eine Höchstgeschwindigkeit von 130 Kilometern pro Stunde zugelassen.*

le **camion** [kamjɔ̃]
der **Lkw**
→ Cette route est interdite aux camions. - *Diese Strecke ist für Lkws gesperrt.*

conduire [kɔ̃dɥiʀ]
fahren
→ Qui conduit la voiture aujourd'hui ? Toi ou moi ? - *Wer fährt heute? Du oder ich?*

remorquer [ʀ(ə)mɔʀke]
abschleppen

le **bidon d'essence**
der **Benzinkanister**

la **roue de secours**
das **Ersatzrad**

la **téléphone de secours**
die **Notrufsäule**

la **panne** [pan]
die **Panne**

le **service de dépannage**
der **Pannendienst**

la **trousse de secours**
der **Verbandskasten**

le **cric** [kʀik]
der **Wagenheber**

les **feux de détresse**
die **Warnblinkanlage**

le **triangle de présignalisation**
das **Warndreieck**

l'**outil** [uti]
das **Werkzeug**

l'**essence** [esɑ̃s]
das **Benzin**
→ L'essence est de plus en plus chère. – *Das Benzin wird immer teurer.*

faire le plein
volltanken
→ Tu dois faire le plein ou il te reste encore assez d'essence ? – *Musst du volltanken oder hast du noch genug Benzin?*

le **feu** [fø]
die **Ampel**
→ Les voitures s'arrêtent au feu rouge. – *Die Autos halten an der roten Ampel an.*

le **gazole** [gazwal]
der **Diesel**
→ Le gazole est moins cher que l'essence. – *Diesel ist billiger als Benzin.*

la **moto** [moto]
das **Motorrad**
→ Elle a participé à une course de moto. – *Sie hat an einem Motorradrennen teilgenommen.*

le **panneau** [pano]
das **Schild**
→ Il faut suivre les panneaux de déviation. – *Man muss den Umleitungsschildern folgen.*

le **parking** [paʀkiŋ]
der **Parkplatz**,
das **Parkhaus**
→ Il a garé sa voiture dans un parking payant. – *Er stellte sein Auto auf einem kostenpflichtigen Parkplatz ab.*

le **permis [de conduire]** [pɛʀmi]
der **Führerschein**
→ Elle a réussi le permis du premier coup. – *Sie bestand den Führerschein auf Anhieb.*

la **roue** [ʀu]
das **Rad**
→ Il a dû changer la roue avant gauche de sa voiture. – *Er musste das linke Vorderrad an seinem Wagen wechseln.*

la **route** [ʀut]
die **Straße**
→ Est-ce que tu prends cette route pour aller à Strasbourg ? – *Fährst du diese Strecke nach Straßburg?*

la **rue** [ʀy]
die **Straße**
→ Ils habitent dans une petite rue très calme. – *Sie wohnen in einer sehr ruhigen kleinen Straße.*

se garer [səgaʀe]
parken
→ Elle s'est garée sur le parking du supermarché. – *Sie hat auf dem Parkplatz vom Supermarkt geparkt.*

la **station-service** [stasjɔ̃sɛʀvis]
die **Tankstelle**
→ Cette station-service est ouverte jour et nuit. – *Diese Tankstelle hat Tag und Nacht geöffnet.*

le **vélo** [velo]
das **Fahrrad**
→ En été, il va au bureau en vélo. – *Im Sommer fährt er mit dem Fahrrad ins Büro.*

la **vitesse** [vitɛs]
die **Geschwindigkeit**
→ Sur l'autoroute, la vitesse est limitée à 130 km / h. – *Auf der Autobahn ist die Geschwindigkeit auf 130 km / h beschränkt.*

la **voiture** [vwatyʀ]
das **Auto**
→ Il a pris la voiture pour faire les courses. – *Er nahm das Auto, um Besorgungen zu machen.*

l'aéroport [aeʀopɔʀ]
der **Flughafen**
→ Nous arriverons à l'aéroport international à 18 heures, heure locale. – *Wir werden um 18 Uhr Ortszeit am internationalen Flughafen ankommen.*

aller [ale]
gehen; fahren
→ Nous sommes allés à Strasbourg visiter la cathédrale. – *Wir sind nach Straßburg gefahren, um die Kathedrale zu besichtigen.*

l'arrivée [aʀive]
die **Ankunft**
→ Les voyageurs attendent l'arrivée du train. – *Die Reisenden warten auf die Ankunft des Zuges.*

arriver [aʀive]
ankommen
→ Nous arriverons à Nice dans la soirée. – *Wir werden im Laufe des Abends in Nizza ankommen.*

l'avion [avjɔ̃]
das **Flugzeug**
→ Il n'a jamais pris l'avion de sa vie. – *Er ist noch nie in seinem Leben mit dem Flugzeug geflogen.*

le **bac** [bak]
die **Fähre**
→ Il a pris le bac pour se rendre sur l'île. – *Er fuhr mit der Fähre auf die Insel.*

les **bagages** [bagaʒ]
das **Gepäck**
→ Ils ont fait enregistrer leurs bagages la veille du départ. – *Sie haben ihr Gepäck am Abend vor der Abfahrt aufgegeben.*

le **bateau** [bato]
das **Schiff**
→ Elles prennent le bateau pour aller en Suède. – *Sie fahren mit dem Schiff nach Schweden.*

la **capitale** [kapital]
die **Hauptstadt**
→ Berne est la capitale de la Suisse. – *Bern ist die Hauptstadt der Schweiz.*

la **carte** [kaʀt]
die **Karte**
→ Nous avons acheté une carte de France pour le voyage. – *Wir haben eine Frankreichkarte für die Reise gekauft.*

la carte d'identité [kaʀt(ə)didɑ̃tite]
der **Personalausweis**
→ Ce soir-là, il n'avait pas sa carte d'identité sur lui. – *An jenem Abend hatte er seinen Personalausweis nicht bei sich.*

le centre-ville [sɑ̃tʀ(ə)vil]
das **Stadtzentrum**
→ On ne peut pas se garer dans le centre-ville. – *Man kann im Stadtzentrum nicht parken.*

le chemin [ʃ(ə)mɛ̃]
der **Weg**
→ Nous avons demandé le chemin à un passant. – *Wir haben einen Passanten nach dem Weg gefragt.*

le décollage [dekɔlaʒ]
der **Abflug**
→ Le décollage de l'avion est prévu à huit heures. – *Der Abflug des Flugzeugs ist für acht Uhr vorgesehen.*

le départ [depaʀ]
die **Abfahrt**
→ Le départ du train est retardé à cause d'un accident. – *Die Abfahrt des Zuges verspätet sich wegen eines Unfalls.*

l'église [egliz]
die **Kirche**
→ Il y a de belles églises romanes dans cette région. – *In dieser Gegend gibt es schöne romanische Kirchen.*

emmener [ɑ̃m(ə)ne]
mitnehmen
→ Tu m'emmènes à la gare ? – *Nimmst du mich zum Bahnhof mit?*

l'endroit [ɑ̃dʀwa]
die **Stelle**
→ D'après la carte, nous sommes au bon endroit. – *Laut Karte sind wir an der richtigen Stelle.*

l'étranger [etʀɑ̃ʒe]
das **Ausland**
→ Mon frère est parti vivre à l'étranger. – *Mein Bruder ist weggegangen, um im Ausland zu leben.*

l'étranger [etʀɑ̃ʒe]
l'étrangère
der **Ausländer; Fremde**,
die **Ausländerin; Fremde**
→ Il a épousé une étrangère, une Russe. – *Er hat eine Ausländerin geheiratet, eine Russin.*

la **ferme** [fɛʀm]
der **Bauernhof**
→ Ces agriculteurs exploitent une ferme très importante. – *Diese Landwirte bewirtschaften einen sehr ansehnlichen Bauernhof.*

l'**hôtel** [ɔtɛl]
das **Hotel**
→ L'hôtel est complet ce soir. – *Das Hotel ist heute Abend ausgebucht.*

le **lieu** [ljø]
der **Ort**
→ Quel est votre lieu de naissance ? – *Was ist Ihr Geburtsort?*

montrer [mɔ̃tʀe]
zeigen
→ Le guide nous a montré les principaux monuments de la ville. – *Der Reiseführer zeigte uns die wichtigsten Denkmäler der Stadt.*

le **musée** [myze]
das **Museum**
→ As-tu visité le nouveau musée ? – *Bist du in das neue Museum gegangen?*

nécessaire [nesesɛʀ]
nötig; notwendig
→ Je ne prends que ce qui est nécessaire pour le voyage. – *Ich nehme nur das mit, was für die Reise nötig ist.*

partir [paʀtiʀ]
weggehen, abfahren
→ Je pars demain et je reviens lundi. – *Ich fahre morgen ab und komme am Montag zurück.*

le **passeport** [paspɔʀ]
der **Reisepass**
→ Mon passeport est périmé. – *Mein Reisepass ist abgelaufen.*

la **place** [plas]
der **(Sitz)platz**
→ Dans le TGV, il faut réserver sa place. – *Im TGV muss man seinen Platz reservieren.*

le **pont** [pɔ̃]
die **Brücke**
→ Ils veulent construire un pont sur la rivière. – *Sie wollen eine Brücke über den Fluss bauen.*

le **port** [pɔʀ]
der **Hafen**
→ Ils se promènent sur le port. – *Sie gehen am Hafen spazieren.*

porter [pɔʀte]
tragen
→ Elle porte une valise et deux sacs. – *Sie trägt einen Koffer und zwei Taschen.*

quitter [kite]
verlassen
→ Il a quitté la maison à huit heures comme tous les jours. – *Er verließ das Haus wie jeden Tag um acht Uhr.*

recommander
[ʀ(ə)kɔmɑ̃de]
empfehlen
→ Toutes les agences recommandent cet hôtel. – *Alle Reisebüros empfehlen dieses Hotel.*

le **renseignement**
[ʀɑ̃sɛɲmɑ̃]
die **Auskunft**
→ Je voudrais un renseignement sur les horaires des trains. – *Ich hätte gerne eine Auskunft über die Zugfahrpläne.*

rentrer [ʀɑ̃tʀe]
zurückkommen
→ Nos voisins rentrent de vacances la semaine prochaine. – *Unsere Nachbarn kommen nächste Woche aus dem Urlaub zurück.*

rester [ʀɛste]
bleiben
→ Ils sont restés un mois au Canada. – *Sie sind einen Monat in Kanada geblieben.*

le **hôtel** [ɔtɛl]
das **Hotel**

la **pension** [pɑ̃sjɔ̃]
die **Pension**

la **maison de vacances**
das **Ferienhaus**

l'**appartement de vacances**
die **Ferienwohnung**

la **réservation** [ʀezɛʀvasjɔ̃]
die **Reservierung**

la **pension complète**
die **Vollpension**

la **demi-pension**
[d(ə)mipɑ̃sjɔ̃]
die **Halbpension**

la **réception** [ʀesɛpsjɔ̃]
die **Rezeption**

la **clé** [kle]
der **Schlüssel**

la **chambre** [ʃɑ̃bʀ]
das **Zimmer**

le **retour** [R(ə)tuR]
die **Rückkehr**
→ Nous attendons son retour avec impatience. – *Wir erwarten mit Ungeduld seine / ihre Rückkehr.*

revenir [R(ə)vəniR]
zurückkehren
→ Elle est revenue de son long périple en Asie. – *Sie ist von ihrer langen Rundreise durch Asien zurückgekehrt.*

s'arrêter [saRete]
anhalten, halten
→ Le train s'arrête à Lyon. – *Der Zug hält in Lyon.*

se renseigner [səRɑ̃seɲe]
sich erkundigen
→ Elle s'est renseignée sur les horaires des trains. – *Sie erkundigte sich nach den Zugfahrplänen.*

le **séjour** [seʒuR]
der **Aufenthalt**
→ Ils ont passé un bon séjour en France. – *Sie hatten einen angenehmen Aufenthalt in Frankreich.*

le **style** [stil]
der **Stil**
→ Cette cathédrale est de style gothique. – *Diese Kathedrale ist im gotischen Stil erbaut.*

les **vacances** [vakɑ̃s]
die **Ferien,** der **Urlaub**
→ Les enfants attendent les vacances avec impatience. – *Die Kinder warten ungeduldig auf die Ferien.*

la **valise** [valiz]
der **Koffer**
→ Tu m'aides à faire les valises ? – *Hilfst du mir die Koffer zu packen?*

le **village** [vilaʒ]
das **Dorf**
→ Dans un village, tout le monde se connaît. – *In einem Dorf kennen sich alle.*

la **ville** [vil]
die **Stadt**
→ Berlin est la plus grande ville d'Allemagne. – *Berlin ist die größte Stadt Deutschlands.*

voler [vɔle]
fliegen
→ Les hirondelles volent bas ce soir. – *Die Schwalben fliegen heute Abend tief.*

le **voyage** [vwajaʒ]
die **Reise**
→ Ils font plusieurs voyages dans l'année. – *Sie machen mehrere Reisen im Jahr.*

DIE GRUNDZAHLEN

DIE ORDNUNGSZAHLEN

MENGEN UND GEWICHTE

DIE GRUNDZAHLEN

le nombre [nɔ̃bʀ]
die **Zahl**
→ Le nombre de chômeurs a diminué selon les dernières statistiques. – *Laut der letzten Statistik hat die Zahl der Arbeitslosen abgenommen.*

zéro [zeʀo]
null

un [œ̃], **une**
eins

deux [dø]
zwei

trois [tʀwɑ]
drei

quatre [katʀ(ə)]
vier

cinq [sɛ̃k]
fünf

six [sis]
sechs

sept [sɛt]
sieben

huit [ˈɥit]
acht

neuf [nœf]
neun

dix [dis]
zehn

onze [ɔ̃z]
elf

douze [duz]
zwölf

treize [tʀɛz]
dreizehn

quatorze [katɔʀz]
vierzehn

quinze [kɛ̃z]
fünfzehn

seize [sɛz]
sechzehn

dix-sept [dissɛt]
siebzehn

dix-huit [dizɥit]
achtzehn

dix-neuf [diznœf]
neunzehn

vingt [vɛ̃]
zwanzig

vingt-et-un [vɛ̃teœ̃]
einundzwanzig

vingt-deux [vɛ̃tdø]
zweiundzwanzig

trente [tʀɑ̃t]
dreißig

quarante [kaʀɑ̃t]
vierzig

cinquante [sɛ̃kɑ̃t]
fünfzig

soixante [soixante]
sechzig

soixante-dix [swasãtdis]
siebzig

soixante et onze
einundsiebzig

soixante-douze
zweiundsiebzig

quatre-vingts [katʀəvɛ̃]
achtzig

quatre-vingt-un
einundachtzig

quatre-vingt-dix
neunzig

quatre-vingt-onze
einundneunzig

cent [sã]
hundert

deux cents
zweihundert

mille [mil]
tausend

deux mille
zweitausend

million [miljɔ̃]
die Million

DIE ORDNUNGSZAHLEN

premier [pʀəmje], première
erste(r, s)

deuxième [døzjɛm]
zweite(r, s)

second [s(ə)gɔ̃], seconde
zweite(r, s)

troisième [tʀwɑzjɛm]
dritte(r, s)

quatrième [katʀijɛm]
vierte(r, s)

cinquième [sɛ̃kjɛm]
fünfte(r, s)

sixième [sizjɛm]
sechste(r, s)

septième [sɛtjɛm]
siebte(r, s)

huitième [ˈɥitjɛm]
achte(r, s)

neuvième [nœvjɛm]
neunte(r, s)

dixième [dizjɛm]
zehnte(r, s)

vingtième [vɛ̃tjɛm]
zwanzigste(r, s)

centième [sãtjɛm]
hundertste(r, s)

millième [miljɛm]
tausendste(r, s)

MENGEN UND GEWICHTE

assez [ase]
genug
→ J'ai assez travaillé pour aujourd'hui. – *Ich habe für heute genug gearbeitet.*

beaucoup [boku]
viel
→ J'ai beaucoup travaillé ces dernières semaines. – *Ich habe in den letzten Wochen viel gearbeitet.*

combien [kɔ̃bjɛ̃]
wie viel
→ Combien coûte cette voiture ? – *Wie viel kostet dieser Wagen?*

environ [ɑ̃viʀɔ̃]
ungefähr
→ Elle a quarante ans environ. – *Sie ist ungefähr vierzig Jahre alt.*

le **kilo** [kilo]
das **Kilo**
→ Je voudrais deux kilos de pommes de terre. – *Ich möchte zwei Kilo Kartoffeln.*

le **litre** [litʀ]
der **Liter**
→ Elle boit un litre d'eau par jour. – *Sie trinkt einen Liter Wasser pro Tag.*

moindre [mwɛ̃dʀ]
geringste(r, s); mindeste(r, s)
→ Il ne fait pas le moindre effort. – *Er gibt sich nicht die geringste Mühe.*

moins [mwɛ̃]
weniger
→ Elle gagne moins que son mari. – *Sie verdient weniger als ihr Mann.*

la **moitié** [mwatje]
die **Hälfte**
→ Veux-tu la moitié de la pomme ? – *Möchtest du die Hälfte des Apfels?*

ne … rien [nə … ʀjɛ̃]
nichts
→ Elle n'a rien entendu. – *Sie hat nichts gehört.*

la **partie** [paʀti]
der **Teil**
→ Elle n'a raconté qu'une partie de l'histoire. – *Sie hat nur einen Teil der Geschichte erzählt.*

peu [pø]
wenig
→ Le soir, elle mange peu. – *Abends isst sie wenig.*

la **plupart** [plypaʀ]
meiste(r, s)
→ Il passe la plupart du temps devant la télé. – *Er verbringt die meiste Zeit vor dem Fernseher.*

plus [plys]
mehr
→ Il a plus de travail qu'avant. – *Er hat mehr Arbeit als zuvor.*

plusieurs [plyzjœʀ]
mehrere
→ Elle est allée plusieurs fois aux Antilles. – *Sie ist mehrere Male zu den Antillen geflogen.*

le **poids** [pwɑ]
das **Gewicht**
→ Elle peut soulever un poids de cent kilos. – *Sie kann hundert Kilo Gewicht heben.*

presque [pʀɛsk]
fast
→ Elle n'a presque rien mangé. – *Sie hat fast nichts gegessen.*

la **quantité** [kɑ̃tite]
die **Menge**
→ J'ai une quantité de choses à faire aujourd'hui. – *Ich habe heute eine Menge zu erledigen.*

le **quartier** [kaʀtje]
das **Viertel**
→ Vous habitez dans quel quartier ? – *In welchem Viertel wohnen Sie?*

le **reste** [ʀɛst]
der **Rest**
→ Il y a encore un reste de poulet dans le frigo. – *Es ist noch ein Rest Hühnchen im Kühlschrank.*

seulement [sœlmɑ̃]
nur
→ Elle est au bureau seulement deux jours par semaine. – *Sie ist nur zwei Tage in der Woche im Büro.*

tout [tu]
alles
→ Les élèves ont tout compris. – *Die Schüler haben alles verstanden.*

trop [tʀo]
zu viel
→ Elle a trop mangé de mousse au chocolat. – *Sie hat zu viel von dem Mousse au Chocolat gegessen.*

ARTIKEL

MODAL- UND HILFSVERBEN

PERSONAL- UND POSSESSIVPRONOMEN

PRONOMEN

STELLUNG NEHMEN

STRUKTURWÖRTER

KONJUNKTIONEN

PRÄPOSITIONEN

WICHTIGE VERBEN

ARTIKEL

la [la]
der, die, das
→ La petite fille de la voisine vient souvent jouer chez nous. – *Die kleine Tochter der Nachbarin kommt häufig zum Spielen zu uns.*

le [lə]
der, die, das
→ Le voisin du deuxième est très sympathique. – *Der Nachbar aus dem zweiten Stock ist sehr sympathisch.*

un [œ̃], **une**
ein, eine
→ Une vache était au milieu de la route et ne voulait pas s'écarter. – *Eine Kuh stand mitten auf der Straße und wollte nicht aus dem Weg gehen.*

MODAL- UND HILFSVERBEN

devoir [d(ə)vwaʀ]
müssen; sollen
→ Elle doit travailler pour financer ses études. – *Sie muss arbeiten, um ihr Studium zu finanzieren.*

falloir [falwaʀ]
brauchen; müssen
→ Pour pouvoir conduire, il faut passer le permis. – *Um fahren zu dürfen, muss man den Führerschein machen.*

pouvoir [puvwaʀ]
können; dürfen
→ Il viendra dès qu'il le pourra. – *Er kommt, sobald er kann.*

vouloir [vulwaʀ]
wollen
→ Elle ne veut plus le voir. – *Sie will ihn nicht mehr sehen.*

PERSONAL- UND POSSESSIV-PRONOMEN

je [ʒə]
ich
→ Je suis d'accord avec vous. – *Ich stimme Ihnen zu.*

tu [ty]
du
→ Comme toujours, tu as raison. – *Du hast wie immer Recht.*

il [il]
er
→ Il va arriver bientôt, ne t'inquiète pas. – *Er wird bald kommen, mach dir keine Sorgen.*

elle [ɛl]
sie
→ Elle vient juste d'appeler. – *Sie hat gerade eben angerufen.*

nous [nu]
wir; uns
→ Nous sommes arrivés les premiers. – *Wir sind als Erste gekommen.*

vous [1] [vu]
ihr
→ Les enfants, vous restez bien sages jusqu'à mon retour ! – *Kinder, ihr bleibt bis zu meiner Rückkehr schön brav!*

vous [2] [vu]
Sie
→ Vous êtes la bienvenue, madame. – *Seien sie herzlich willkommen, gnädige Frau.*

ils [il]
sie
→ Ils vont au cinéma demain soir. – *Sie gehen morgen Abend ins Kino.*

elles [ɛl]
sie
→ Elles ont un cours de danse ce soir. – *Sie haben heute Abend eine Tanzstunde.*

mon [mɔ̃], **ma**
mein, meine
→ Je ne trouve plus mon stylo. – *Ich finde meinen Füller nicht mehr.*

le **mien** [mjɛ̃],
la **mienne**
meine(r, s)
→ Ce livre, c'est le mien. – *Das ist mein Buch.*

ton [tɔ̃], **ta**
dein, deine
→ Comment s'appelle ton frère ? – *Wie heißt dein Bruder?*

le tien [tjɛ̃], **la tienne**
deine(r, s)
→ Ce disque, c'est le tien ? – *Ist das deine Platte?*

son [sɔ̃], **sa**
sein, seine
→ Il leur a présenté sa copine. – *Er hat ihnen seine Freundin vorgestellt.*

le sien [sjɛ̃], **la sienne**
seine(r, s); ihre(r, s)
→ Ce livre, c'est le sien ? – *Ist das sein / ihr Buch?*

notre [nɔtʀ]
unser
→ Voici notre maison en Provence. – *Das ist unser Haus in der Provence.*

le nôtre [notʀ], **la nôtre**
unsere(r, s)
→ Cette maison, c'est la nôtre. – *Dieses Haus ist unseres.*

votre [vɔtʀ]
euer; Ihr
→ Où se trouve votre maison ? – *Wo befindet sich euer Haus?*

le vôtre [votʀ], **la vôtre**
eure(r, s); Ihre(r, s)
→ Ce jouet, c'est le vôtre ? – *Ist das euer / Ihr Spielzeug?*

on [ɔ̃]
man
→ En France on mange beaucoup de viande. – *In Frankreich isst man viel Fleisch.*

PRONOMEN

qui [ki]
wer; wem; wen
→ Qui as-tu vu ? – *Wen hast du gesehen?*

que [kə]
was
→ Qu'est-ce que c'est ? – *Was ist das?*

quoi [kwa]
was
→ À quoi penses-tu ? – *Woran denkst du?*

où [u]
wo; wohin
→ Où es-tu ? – *Wo bist du?*

quand [kɑ̃]
wann
→ Quand pars-tu ? – *Wann gehst du?*

comment [kɔmɑ̃]
wie
→ Comment allez-vous ? – *Wie geht es Ihnen / euch?*

combien [kɔ̃bjɛ̃]
wie viel(e)
→ Combien sont-ils ? – *Wie viele sind sie?*

pourquoi [puʀkwa]
warum
→ Pourquoi ne viens-tu pas avec nous ? – *Warum kommst du nicht mit uns?*

est-ce que [ɛskə]
→ Où est-ce que tu vas ? – *Wohin gehst du?*

qui [ki]
der, die, das;
welche(r, s);
wer
→ Je sais qui c'est. – *Ich weiß, wer es ist.*

que [kə], **qu'**
den, die, das
→ C'est lui que j'ai vu. – *Den habe ich gesehen.*

STELLUNG NEHMEN

apparemment [apaʀamɑ̃]
offenbar
→ Apparemment, cet automobiliste n'avait pas le permis. – *Dieser Autofahrer hatte offenbar keinen Führerschein.*

évidemment [evidamɑ̃]
selbstverständlich
→ Tu es d'accord avec moi ? – Évidemment. – *Stimmst du mir zu? – Selbstverständlich.*

malheureusement [maløʀøzmɑ̃]
leider
→ Malheureusement, je ne suis pas libre ce soir. – *Leider habe ich heute Abend was vor.*

normalement [nɔʀmalmɑ̃]
normalerweise
→ Normalement, il rentre déjeuner tous les jours. – *Normalerweise kommt er jeden Tag zum Mittagessen heim.*

particulièrement [paʀtikyljɛʀmɑ̃]
besonders
→ Cette année, l'hiver est particulièrement doux. – *Dieses Jahr ist der Winter besonders mild.*

vraiment [vʀɛmɑ̃]
wirklich
→ Il est vraiment allé en Chine ? – *Ist er wirklich nach China gegangen?*

STRUKTURWÖRTER

aucun [okœ̃], **aucune**
kein
→ Il n'a aucune preuve. – *Er hat gar keinen Beweis.*

aussi [osi]
auch
→ Mon père est d'accord et ma mère aussi. – *Mein Vater ist einverstanden und meine Mutter auch.*

aussi ... que [osi … kə]
so ... wie
→ Elle est aussi grande que son frère. – *Sie ist so groß wie ihr Bruder.*

autre [otʀ]
andere(r, s)
→ Je préfère l'autre solution. – *Ich bevorzuge die andere Lösung.*

avec [avɛk]
mit
→ Il vient avec sa nouvelle copine. – *Er kommt mit seiner neuen Freundin.*

bien que [bjɛ̃kə]
obwohl
→ Je suis allé travailler bien que je ne me sente pas très bien. – *Ich bin arbeiten gegangen, obwohl ich mich nicht sehr wohl fühlte.*

car [kaʀ]
denn
→ Elle porte des lunettes car elle est myope. – *Sie trägt eine Brille, denn sie ist kurzsichtig.*

ce [sə], **cet, cette**
diese(r, s)
→ Cette année, je ne prendrai pas de vacances. – *Dieses Jahr werde ich keinen Urlaub nehmen.*

chaque [ʃak]
jede(r, s)
→ Chaque jour, il prend le train à sept heures. – *Jeden Tag nimmt er den Zug um sieben Uhr.*

chez [ʃe]
bei
→ Il habite encore chez ses parents. – *Er wohnt noch bei seinen Eltern.*

comme [kɔm]
wie
→ Il est grand, comme son père. – *Er ist groß – wie sein Vater.*

comme si [kɔmsi]
als ob
→ Elle a fait comme si elle ne m'avait pas reconnue. – *Sie hat so getan, als ob sie mich nicht erkannt hätte.*

comment [kɔmɑ̃]
wie
→ Comment allez-vous ? Bien, merci. – *Wie geht es Ihnen? Danke, gut.*

contre [kɔ̃tʀ]
gegen
→ Ils ont poussé le lit contre le mur. – *Sie haben das Bett gegen die Wand geschoben.*

donc [dɔ̃k]
also
→ J'ai déjà dit non une fois, donc inutile d'insister. – *Ich habe schon einmal Nein gesagt, es ist also unnütz, darauf zu beharren.*

et [e]
und
→ Ils ont deux enfants : une fille et un garçon. – *Sie haben zwei Kinder: ein Mädchen und einen Jungen.*

mais [mɛ]
aber
→ Il est intelligent mais paresseux. – *Er ist intelligent aber faul.*

même [mɛm]
sogar
→ Il parle toutes les langues et même le chinois. – *Er spricht alle Sprachen, sogar Chinesisch.*

ne … pas [nə … pa]
nicht
→ Il ne veut pas répondre au téléphone. – *Er will nicht ans Telefon gehen.*

ne … personne [nə … pɛʀsɔn]
niemand
→ Il n'y a personne dans la maison. – *Es ist niemand im Haus.*

ni … ni … [ni … ni]
weder … noch …
→ Je ne prends ni lait ni sucre dans mon café. – *Ich nehme weder Milch noch Zucker in meinen Kaffee.*

non [nɔ̃]
nein
→ Il ne sait pas dire non. – *Er kann nicht Nein sagen.*

ou [u]
oder
→ Vous préférez les vacances à la mer ou à la montagne ? – *Fahrt ihr im Urlaub lieber ans Meer oder in die Berge?*

ou ... ou ...
entweder ... oder ...
→ C'est mon dernier mot : ou il accepte mes conditions ou il part tout de suite ! – *Das ist mein letztes Wort: Entweder er akzeptiert meine Bedingungen oder er geht sofort.*

oui [wi]
ja
→ Vous avez terminé ? Oui, merci. – *Sind Sie fertig? Ja, danke.*

parce que [paʀskə]
weil
→ Il mange parce qu'il a faim. – *Er isst, weil er Hunger hat.*

peut-être [pøtɛtʀ]
vielleicht
→ Ils seront peut-être d'accord avec nous, qui sait ? – *Wer weiß, vielleicht werden sie mit uns einer Meinung sein?*

plus ... plus ...
[ply … ply …]
je ... desto ...
→ Plus on est de fous, plus on rit. – *Je mehr Leute, desto besser die Stimmung.*

pour [puʀ]
für
→ J'ai réservé une chambre pour une nuit. – *Ich habe ein Zimmer für eine Nacht reserviert.*

pourquoi [puʀkwa]
warum
→ Dis-moi pourquoi tu n'es pas venu au rendez-vous. – *Sag mir, warum du nicht zur Verabredung gekommen bist.*

que [1] [kə]
dass
→ Dommage que tu ne puisses pas venir ! – *Schade, dass du nicht kommen kannst!*

que [2] [kə]
was
→ Que fais-tu demain soir ? – *Was machst du morgen Abend?*

quel [kɛl], **quelle**
welche(r, s)
→ Quelle solution proposes-tu ? – *Welche Lösung schlägst du vor?*

quelque chose [kɛlkəʃoz]
etwas
→ Il lui est sûrement arrivé quelque chose. – *Sicherlich ist ihm / ihr etwas passiert.*

quelqu'un [kɛlkɛ̃]
jemand
→ Il y a quelqu'un derrière la porte. – *Da ist jemand hinter der Tür.*

qui [ki]
wer
→ Qui a appelé ce matin ? – *Wer hat heute Morgen angerufen?*

sans [sɑ̃]
ohne
→ Il prend son thé sans sucre. – *Er trinkt seinen Tee ohne Zucker.*

sauf [sof]
außer
→ Tout le monde est là sauf mon frère. – *Alle sind da außer meinem Bruder.*

si [1] [si]
ob, wenn
→ Elle ne sait pas si son mari est allé à la réunion. – *Sie weiß nicht, ob ihr Mann zur Versammlung gegangen ist.*

si [2] [si]
so
→ Son frère est si sensible. – *Sein / Ihr Bruder ist so empfindlich.*

si [3] [si]
doch
→ Tu ne viens pas demain ? – Si, je viens ! – *Kommst du morgen nicht? – Doch, ich komme!*

sinon [sinɔ̃]
sonst
→ Dépêche-toi, sinon tu seras en retard. – *Beeil dich, sonst kommst du zu spät!*

tel [tɛl], **telle**
solche(r, s)
→ Je ne fréquente pas de telles personnes, voyons ! – *Im Ernst, mit solchen Leuten verkehre ich nicht!*

tous [tu], **toutes**
alle
→ Tous les voisins sont venus à la fête. – *Alle Nachbarn kamen zur Feier.*

KONJUNKTIONEN

après que
nachdem
→ Après qu'il s'était arrêté de pleuvoir, ils sont sortis. – *Nachdem es aufgehört hatte zu regnen, sind sie rausgegangen.*

avant que
bevor
→ Je prépare le petit-déjeuner avant que les enfants se réveillent. – *Ich bereite das Frühstück zu, bevor die Kinder aufwachen.*

comme [kɔm]
da; weil
→ Comme elle avait encore quelques minutes, elle s'est assise dans un café. – *Da sie noch ein paar Minuten Zeit hatte, setzte sie sich in ein Café.*

donc [dɔ̃k]
also; folglich
→ Il a pris ses affaires, il doit donc être parti. – *Er hat seine Sachen mitgenommen, also muss er gegangen sein.*

et [e]
und
→ Il veut des mocassins et des baskets. – *Er will Mokassins und Turnschuhe.*

et... et...
sowohl ... als auch ...
→ Je prends et les chaussures blanches et les chaussures noires. – *Ich nehme sowohl die weißen Schuhe als auch die schwarzen Schuhe.*

mais [mɛ̃]
aber
→ Je ne veux pas faire l'exercice à ta place, mais je veux bien t'aider. – *Ich will die Aufgabe nicht für dich lösen, aber ich will dir gerne helfen.*

ne... ni...
weder ... noch ...
→ Il ne veut ni ne peut accepter. – *Weder will er noch kann er es akzeptieren.*

ni... ni...
weder ... noch ...
→ Il n'aime ni le vin ni la bière. – *Er mag weder Wein noch Bier.*

ou [u]
oder
→ Tu viens, oui ou non ? – *Kommst du, ja oder nein?*

parce que
weil
→ L'enfant pleure parce qu'il est tombé. – *Das Kind weint, weil es hingefallen ist.*

pour que
damit
→ Léon m'a prêté un CD pour que je l'écoute. – *Léon hat mir eine CD geliehen, damit ich sie mir anhöre.*

quand [kɑ̃]
wenn; als
→ Quand j'ai faim, je mange une pomme. – *Wenn ich Hunger habe, esse ich einen Apfel.*

que [kə]
dass
→ Tu lui as dit qu'on viendrait avec toi ? – *Hast du ihm / ihr gesagt, dass wir mit dir kommen?*

si [si]
wenn, falls; ob
→ S'il fait beau demain, j'irai à la piscine. – *Wenn das Wetter morgen schön ist, werde ich ins Schwimmbad gehen.*

PRÄPOSITIONEN

à [a]
in; an; nach; zu; um
→ Il va à l'école à vélo. – *Er fährt mit dem Fahrrad zur Schule.*

à côté de
neben
→ Assieds-toi à côté de moi. – *Setz dich neben mich.*

à droite de
rechts von
→ Il a pris place à droite du conducteur. – *Er hat sich rechts neben den Fahrer gesetzt.*

à gauche de
links von
→ La mariée est assise à gauche du marié. – *Die Braut sitzt links vom Bräutigam.*

après [apʀɛ]
nach; hinter
→ Après le déjeuner, nous buvons un café. – *Nach dem Mittagessen trinken wir einen Kaffee.*

avant [avɑ̃]
vor
→ Il faut se laver les mains avant le repas. – *Man muss sich die Hände vor dem Essen waschen.*

avec [avɛk]
mit
→ Elle se promène avec son chien. – *Sie geht mit ihrem Hund spazieren.*

chez [ʃe]
bei; zu
→ Demain, je vais chez le coiffeur. – *Morgen gehe ich zum Friseur.*

dans [dɑ̃]
in
→ Nous serons à la campagne dans une heure. – *Wir sind in einer Stunde auf dem Land.*

de [də]
von; aus; über
→ Notre bureau est ouvert de 9h00 à 16h00 du lundi au vendredi. – *Unser Büro ist montags bis freitags von 9 Uhr bis 16 Uhr geöffnet.*

depuis [dəpɥi]
seit; von ... aus
→ Ils sont en vacances depuis lundi. – *Sie sind seit Montag im Urlaub.*

derrière [dɛʀjɛʀ]
hinter
→ Il y a une petite cour derrière la maison. – *Hinter dem Haus gibt es einen kleinen Hof.*

devant [d(ə)vɑ̃]
vor
→ J'ai garé ma voiture devant chez vous. – *Ich habe meinen Wagen vor Ihrem / eurem Haus geparkt.*

en [ɛ̃]
in, innerhalb (von); aus
→ Nous avons été cambriolés deux fois en moins d'un mois. – *Bei uns ist innerhalb eines Monats zweimal eingebrochen worden.*

jusqu'à [ʒyska]
bis
→ Philippe est en arrêt-maladie jusqu'à jeudi. – *Philippe ist bis Donnerstag krankgeschrieben.*

pour [puʀ]
für; nach
→ Les élèves sont au Canada pour trois mois. – *Die Schülerinnen und Schüler sind für drei Monate in Kanada.*

sans [sɑ̃]
ohne
→ Il est sorti sans manteau. – *Er ist ohne Mantel hinausgegangen.*

sous [su]
unter
→ Elle se repose à l'ombre sous un tilleul. – *Sie ruht sich im Schatten unter einer Linde aus.*

sur [syʀ]
auf; über
→ Le chat est assis sur le rebord de la fenêtre. – *Die Katze sitzt auf dem Fensterbrett.*

WICHTIGE VERBEN

arrêter [aʀete]
aufhören
→ Il a arrêté de fumer le premier janvier. – *Er hat am ersten Januar mit dem Rauchen aufgehört.*

arriver [aʀive]
geschehen; passieren
→ Un accident est vite arrivé. – *Ein Unfall ist schnell passiert.*

avoir [avwaʀ]
haben
→ Il a un grand appartement avec vue sur mer. – *Er hat eine große Wohnung mit Meerblick.*

devenir [dəv(ə)niʀ]
werden
→ Il est devenu riche en travaillant dans l'import-export. – *Er ist mit dem Import-Export-Geschäft reich geworden.*

être [être]
sein
→ Elles sont en avance aujourd'hui. – *Sie sind heute zu früh dran.*

faire [fɛʀ]
machen; tun
→ Elle fait beaucoup de choses pendant ses loisirs. – *Sie macht viel in ihrer Freizeit.*

mettre [mɛtʀ]
setzen; legen; stellen
→ Il a mis l'enfant sur la chaise. – *Er hat das Kind auf den Stuhl gesetzt.*

poser [poze]
legen; stellen
→ Il a posé tous ses livres sur la table. – *Er hat alle seine Bücher auf den Tisch gelegt.*

prendre [pʀɑ̃dʀ]
nehmen
→ Il prend une douche tous les matins. – *Er nimmt jeden Morgen eine Dusche.*

recevoir [ʀ(ə)səvwaʀ]
bekommen; kriegen
→ J'ai reçu beaucoup d'e-mails hier. – *Ich habe gestern viele E-Mails bekommen.*

venir [v(ə)niʀ]
kommen
→ Mes parents viennent ce week-end. – *Meine Eltern kommen dieses Wochenende.*

GLOSSAR

A

Abend 99
Abendessen 66
abends 99
aber 143, 146
abfahren 128
Abfahrt 127
Abfall 85
Abflug 127
Abgemacht! 26
Abitur 109
abnehmen 74
abschleppen 124
absichtlich 29
abtrocknen 50
acht 132
achte(r, s) 133
achtzehn 132
achtzig 133
Adresse 14
ähnlich 32
alle 145
allein 64
alles 135
als 147
also 143, 146
als ob 142
alt 14
Alte(r) 49
Alter 14
Ampel 124
amüsieren 42
an 98, 147
anbieten 20
andere(r, s) 142
ändern 122
anfangen 103
Angst 64
anhalten 130
ankommen 126
Ankunft 126
Anmeldung 43
anrufen 119
Antwort 26
anziehen 75
Anzug 74
Apfel 68
Apotheke 58
April 101
Arbeit 109
arbeiten 109
Arbeitslosigkeit 108
ärgern 63
arm 32
Arm 51
Art 40
Arzt 56
Ärztin 56
atmen 54
auch 142
auf 97, 148
auf einmal 106
Aufenthalt 130
aufhängen 118
aufheben 46
aufhören 149
aufkleben 82
Aufmerksamkeit 109
aufpassen 55
aufregen 60
aufstehen 98
aufwachen 98
Aufzug 84
Auge 53
August 101
aus 96, 148
Ausbildung 112
Ausblick 88
Ausgang 88
ausgeben 80
Auskunft 129
Ausland 127
Ausländer(in) 127
ausleihen 83
ausruhen 42
ausschalten 82
außer 145
äußerst 29
aussteigen 122
auswählen 71
ausziehen 74
Auto 125
Autobahn 123

B

Baby 15
Bäckerei 78
Bad 49
baden 42
Badezimmer 50
Bahn 123
Bahnhof 122
Bahnsteig 123
bald 22, 102
Balkon 84
Ball 43
Ballett 41
Bank 79
Bart 51
Batterie 87
Bauch 53
Bauernhof 128
Baum 90
Baumwolle 74
bedauern 64
bedeuten 26
bedienen 72
beeilen 123
beenden 105
beginnen 103
behalten 82
behandeln 58
behindert 48
bei 97, 142, 148
beide 18
beige 36
Bein 52
Beispiel 111
Bekanntschaft 18
bekommen 149
beleidigen 60
beliebt 28
benutzen 84
Benzin 124
Benzinkanister 124
bereit 32
bereits 103
Berg 90
Beruf 108
beruhigen 55
beschäftigt 108
beschreiben 47
beschweren 60
besetzt 108
besitzen 49
besonders 141
besser 31
Besteck 66
bestellen 71
beste(r, s) 31
Besuch 21
Besucher(in) 21
betrunken 70
Bett 86
Bettlaken 85
beunruhigen 63
bevor 102, 146
bewegen 46
Beweis 115
bezahlen 72, 80
Bier 69
Bild 88
bis 22, 98, 104, 148

bitte 19, 20
bitten 19
Bitte sehr. 19
blassgelb 36
blau 36
bleiben 129
blöd 35
Blume 92
Blut 53
brauchen 82, 138
braun 36
breit 38
Brief 119
Briefmarke 119
Brille 76
Brot 68
Brücke 128
Bruder 15
Buch 40
Buchstabe 25
Büro 108
Bus 122

C

Café 71
Computer 118
Cousin(e) 17

D

da 97, 146
Dach 88
Dame 47
damit 147
Dank 20
danke 19
danken 20
dann 104
das 138, 141
dass 144, 147
Datum 103
dauern 103
dein 139
deine 139
deine(r, s) 140
den 141
denken 25
denn 142
der 138, 141
Dezember 102
dick 38
die 138, 141
Dieb(in) 115
Dienstag 100
Diesel 124
diese(r, s) 142
doch 145
Donnerstag 100
Dorf 130
dort 97
draußen 96
drehen 84
drei 132
dreißig 132
dreizehn 132
dringend 33
dritte(r, s) 133
drücken 82
du 139
dumm 35
dunkel 33
dunkelrot 37
dünn 31
dürfen 138
Durst 70
durstig 69
Dusche 49

E

echt 33
Ecke 96
Ehefrau 17
ehemalig 102
Ehemann 17
eigen 49
ein 138
eine 138
einfach 33, 111
Eingang 85
einladen 20
Einladung 20
eins 132
einschalten 82
einschlafen 49
einsteigen 122
einundachtzig 133
einundneunzig 133
einundsiebzig 133
einundzwanzig 132
Eis 68
elektrisch 85
elf 132
Eltern 15
E-Mail 119
E-Mail-Adresse 119
empfehlen 129
Ende 104
endlich 104
eng 37
Enkel 16
Enkelin 17
entdecken 40
entschuldigen 19
Entschuldigung 19, 60
entweder ... oder ... 144
er 139
Erde 90
erfahren 23
Erfolg 109
Erfolg haben 109
erinnern 24, 54
Erkältung 58
erkennen 54
erklären 111
erkundigen 130
erlauben 19
ernst 33
erreichen 118
Ersatzrad 124
Erscheinungsbild 47
Erste Hilfe 58
erste(r, s) 133
Erwachsene(r) 47
erzählen 26
Espresso 70
essen 66
Essen 66
etwas 145
euer 140
eure(r, s) 140

F

Fähre 126
fahren 123, 126
Fahrkarte 122
Fahrrad 44, 125
Fahrstuhl 84
Fall 26
fallen 58
falls 147
falsch 111
Familie 15
Farbe 36
fast 135
faul 35
Februar 101
fehlen 86
Fehler 111
feiern 116
Feiertag 116

fein 30
Feld 90
Fenster 86
Ferien 130
Ferienhaus 129
Ferienwohnung 129
Fernsehen 120
Fernseher 120
fertig 30
fertig machen 112
fest 29
Fest 116
fett 68
finden 84
Finger 52
Fisch 68
flach 38
Flasche 69
Fleisch 69
fliegen 130
fluchen 60
Flughafen 126
Flugzeug 126
Fluss 90
Folge 114
folgen 46
folglich 146
fortfahren 110
Frage 19
fragen 19
Frau 47, 48
frei 31
Freitag 100
Freizeit 41
Fremde(r) 127
Freund(in) 18
Freundschaft 18
Frieden 114
frisch 68
froh 61
früh 105
Frühling 94
Frühstück 66
fühlen 60
Führerschein 125
füllen 70
Füller 112
fünf 132
fünfte(r, s) 133
fünfzehn 132
fünfzig 132
für 144, 148
fürchten 63
Fuß 53
Fußball 43

G

Gabel 66
ganz 28
Garten 86
Gast 20
Gaststätte 71
geben 80
Gebühr 115
Geburt 48
Geburtstag 14
Geduld 62
geeignet 28
Gefahr 55
gefährlich 55
gefallen 62
Gefängnis 115
gegen 98, 143
Gegenstand 87
Gegenteil 29
gehen 46, 126
gehören 23
gelb 36
Geld 79
Gelegenheit 23
Gemüse 68
genau 26, 32, 98
genießen 62
genug 134
Gepäck 126
gerade 37
Geräusch 54
geringste(r, s); 134
gern 19
gern(e) 62
Geruch 54
geschehen 149
Geschenk 20
geschieden 17
Geschwindigkeit 125
Gesicht 53
gestatten 19
gestern 104
Gesundheit 58
gesund werden 56
Getränk 69
Gewicht 135
gewinnen 43
Glas 71
glauben 25
gleich 31
Gleis 123
Glück 61
glücklich 61
Gold 76
Gott 116
grau 36
Grippe 56
groß 37
Größe 75
Großeltern 16
grün 37
Grund 24
Grundschule 111
Gruppe 18
Gruß 22
grüßen 22
gucken 54
günstig 79
gut 26, 28, 34
Guten Abend! 22
Gute Nacht! 22
Guten Morgen! 22
Guten Tag! 22
Gute Reise! 22

H

Haar 51
haben 149
Hafen 128
Halbpension 129
Halbzeit 44
Hälfte 134
hallo 22
Hals 52
halten 84, 130
Haltestelle 122
Hand 52
Handtasche 76
Handtuch 50
hart 29
hassen 63
hässlich 30
häufig 104
Hauptstadt 126
Haus 86
Haut 53
heißen 14
helfen 55
hell 28
Hemd 74
Herbst 94
Herd 85
hereinkommen 86
Herr 48
herrlich 31
Herz 51
heute 102
hier 97

Hilfe 55
Himmel 92
hinlegen 55
hinten 96
hinter 96, 147, 148
hoch 38
Hochzeit 17
hoffen 60
Hoffnung 61
höflich 35
hören 54
Hose 75
Hosentasche 75
Hotel 128, 129
hübsch 30
Hund 91
hundert 133
hundertste(r, s) 133
Hunger 67
hungrig 67
Hut 76

I

ich 139
Idee 25
ihr 139
Ihr 140
ihre(r, s) 140
Ihre(r, s) 140
immer 106
in 96, 147, 148
innerhalb (von) 148
intelligent 34
interessant 30
interessieren 40
Internet 118
Interview 120
inzwischen 104

J

ja 144
Jacke 75
Jackentasche 75
Jahr 102
Jahreszeit 94
Januar 101
Jeans 74
jede(r, s) 142
je ... desto 144
jemals 104
jemand 145
jetzt 104
Juli 101
jung 14
Junge 47
Juni 101

K

Kaffee 70
kalt 92
kämmen 50
Karte 119, 122, 126
Kartoffel 68
Kasse 79
Katze 91
kaufen 78
kein 142
Kellner(in) 72
kennen 23
kennenlernen 14
Kerl 49
Kilo 134
Kind 47
Kino 40
Kirche 127
Klasse 110
kleben 82
Kleid 75
Kleidergröße 75
Kleiderschrank 84
Kleidung 75
Kleidungsstück 75
klein 38
klingeln 88
klug 34
Kneipe 71
Knie 52
kochen 66
Koffer 130
Kollege 108
Kollegin 108
komisch 34
kommen 149
können 138
Konzert 41
Kopf 53
Kopfkissen 87
Kopfschmerzen 56
Körper 52
kosten 79, 80
Kosten 80
kräftig 34
krank 56
Krankenhaus 56
Krankenpfleger 56
Kranken-
schwester 56
Krankheit 56
Krieg 114
kriegen 149
Küche 85
Kuchen 68
Kuh 92
Kühlschrank 88
kurz 29, 37
Kuss 22
küssen 22

L

Lächeln 62
lachen 62
Laden 79
Lage 109
Lampe 86
Land 90, 114
Landschaft 90
lang 38
lange 104
langsam 30
langweilig 35
Laptop 118
Lärm 54
lassen 82
laufen 46
laut 28
leben 84
Leben 49
lecker 67
ledig 17
leer 71
legen 149
Lehrer(in) 112
leicht 30
leid 60
leider 141
leidtun 19
leise 29
lernen 109
lesen 40
letzte(r, s) 103
Leute 47
Licht 86
liebe 23
Liebe 61
lieben 61
lieber 19, 23
Lieblings- 62
Lied 40
lila 36
links 97
links von 147

Lippe 52
Liter 134
Lkw 123
Loch 75
Locke 51
Löffel 66
Luft 92
Lüge 25
lügen 25
lustig 61

M

machen 149
Macht nichts! 60
Mädchen 47
Mai 101
Mal: jedes Mal 103
Mama 15
man 140
manchmal 105
Mann 48
Mannschaft 43
Mantel 74
Markt 79
März 101
Maschine 86
Medikament 57
Medizin 57
Meer 90
mehr 135
mehrere 135
mein 139
meine 139
meinen 25, 60
meine(r, s) 139
Meinung 23, 26
meiste(r, s) 135
Menge 135
Mensch 48
Menü 72
Messer 67
Metzgerei 78
Miete 86
mieten 86
Milch 70
Milchkaffee 70
Million 133
mindeste(r, s) 134
Mineralwasser 70
Minute 98
mit 142, 147
mitbringen 20
Mitleid 62
mitnehmen 127
Mittag 99
Mittagessen 66
Mitte 97
Mitternacht 99
Mittwoch 100
Möbelstück 87
Mobiltelefon 118
Mode 74
modern 31
mögen 61
möglich 32
Monat 101
Mond 93
Montag 100
morgen 22, 103
Morgen 99
Motorrad 124
müde 29
Mühe 108
Mund 51
Münze 80
Museum 128
Musik 41
müssen 138
Mut 34
mutig 34
Mutter 15

N

nach 96, 102, 147, 148
nachdem 146
Nachmittag 99
Nachrichten 120
nächste(r, s) 105
Nacht 99
Nachteil 63
nah 97
Name 14
Nase 53
natürlich 31
neben 147
nehmen 122, 149
nein 143
nett 19
neu 31, 32
neugierig 34
Neujahr 116
Neujahrstag 116
neun 132
neunte(r, s) 133
neunzehn 132
neunzig 133
nicht 143
nichts 134
nie 104
niedrig 37, 92
niemand 143
Niveau 112
noch 103
Norden 94
normalerweise 141
nötig 128
Notrufsäule 124
notwendig 128
November 102
null 132
Nummer 14
nun 104
nur 135
nützlich 33

O

ob 145, 147
Obst 68
obwohl 142
oder 143, 146
offen 87
offenbar 141
öffentlich 115
Öffentlichkeit 115
öffnen 83
oft 105
ohne 145, 148
Ohne mich! 26
Ohr 53
Oktober 101
Oma 16
Onkel 17
Opa 16
Oper 41
orange(farben) 36
Orchester 41
ordentlich 35
Ort 97, 128
Osten 94
Ostern 116

P

Paar 18
Packung 85
Panne 124
Pannendienst 124
Papa 15
Papier 87
parken 125
Parkhaus 125

Parkplatz 125
passend 28
passieren 149
Pech 63
Pension 129
Person 48
Personalausweis 127
persönlich 48
Pferd 91
pflegen 58
Plan 109
Platz 122, 128
plötzlich 105
Politik 115
Polizei 115
Polizist(in) 115
Portemonnaie 80
Portion 72
Post 119
Postkarte 119
Praktikum 112
Preis 80
privat 23
probieren 66, 111
Problem 26
Programm(heft) 41
Pullover 75
Punkt ... 98
Puppe 41
putzen 83

Q

quadratisch 37
Qualität 75

R

Rad 125
Radio 120
rasieren 50
Rat 23
Rauch 56
rauchen 56, 72
Recht 114
rechte(r, s) 96
rechts von 147
reden 25
Regen 93
Regenschirm 76
Regierung 114
regnen 93
reich 32
reif 68
Reise 22, 130
Reisepass 128
Reservierung 129
Rest 135
Restaurant 72
Rezeption 129
richtig 26, 30
Richtung 96
riechen 54
Ring 76
Rock 74
rosa 36
rot 37
Rücken 52
Rückkehr 130
rufen 23
Ruhe 109
ruhig 28
rund 38

S

sagen 19, 23
Salat 69
Salz 69
Samstag 100
Sänger(in) 41
Satz 25
sauber 32
Schachtel 85
Schal 76
scharf 67
Schatten 93
schauen 54
Schauspieler(in) 41
Scheibe 88
Schein 47
schenken 20
schick 74
Schiff 126
Schild 124
schlafen 47
Schlafzimmer 85
schlagen 46
Schlange 115
schlank 31
schlau 34
schlecht 31
schließen 82
schlimm 56
Schlüssel 85, 129
schmal 37
Schmerz 55, 56
schmutzig 32
Schnee 93
schneiden 67
schnell 32, 33
Schokolade 67
schon 103
schön 19, 28
schreiben 111
schreien 60
Schritt 46
Schuh 76
Schuld 114
Schule 111
Schüler(in) 111
schützen 58
schwarz 36
Schwein 92
Schweinefleisch 68
schwer 31
Schwester 15
schwierig 111
Schwimmbad 41
schwimmen 44
sechs 132
sechste(r, s) 133
sechzehn 132
sechzig 133
See 90
sehen 54
sehr 33
Seife 50
sein 140, 149
seine 140
seine(r, s) 140
seit 103, 148
Seite 112
Sekunde 98
selbstverständlich 141
September 101
setzen 46, 149
Shampoo 50
sicher 33
sie 139
Sie 139
sieben 132
siebte(r, s) 133
siebzehn 132
siebzig 133
Silber 76
Silvester 116
singen 40
Sitzplatz 122, 128
SMS 119
so 145
sobald 103
Socke 76
Sofa 85

sofort 106
sogar 143
Sohn 15
solange 105
solche(r, s) 145
sollen 138
Sommer 94
Sonne 93
Sonnenbrille 76
Sonntag 100
sonst 145
Sorge 64
sorgen für 58
sorgfältig 35
so ... wie 142
sowohl ... als auch ... 146
spannend 28
sparen 78
spät 105
später 22
spazieren gehen 42
Spaziergang 42
Speisekarte 71
Spiel 43, 44
spielen 40, 43
Spieler(in) 44
Spielzeug 40
Sport 44
Sporthalle 43
sportlich 44
sprechen 25
Staat 114
Stadt 130
Stadtzentrum 127
ständig 103
Star 120
stark 34
stattfinden 43
stehen bleiben 46
stehlen 115
steigen 122
Stein 90
Stelle 127
stellen 149
sterben 57
Stern 92
Steuer 114
Stil 130
still 28
Stockwerk 86
stolz 34
stören 23
Straße 125
Straßenbahn 123
streiten 24
Strom 85
Stück 67
Student(in) 111
Stuhl 85
Stunde 98
suchen 82
Süden 94
Supermarkt 79
süß 69
sympathisch 35

T

Tablette 55
Tag 100
täglich 105
Tankstelle 125
Tante 17
tanzen 40
Tänzer(in) 41
Tasche 75
Taschentuch 87
Tasse 70
Tastatur 118
tausend 133
tausendste(r, s) 133
Tee 69, 70
Teil 134
teilen 87
teilnehmen 44
Telefon 118
telefonieren 119
Telefonnummer 14
Teller 66
Tennis 44
teuer 79
Theater 41, 42
tief 38
Tier 91
Tisch 88
Tochter 15
Tod 57
Toilette 50
toll 34
Tor 87
tot 57
töten 58
tragen 128
Traum 54
träumen 54
traurig 64
treffen 21
Treffpunkt 21
Treppe 86
trinken 69
Trinkgeld 72
trocken 93
tschüss 22
T-Shirt 75
tun 149
Tür 88
Turnhalle 43
Tüte 79
Typ 49
typisch 33

U

U-Bahn 122
über 96, 148
überall 97
übermorgen 102
Überraschung 62
Uhr 98
um 98, 147
umdrehen 46
umsteigen 122
und 143, 146
ungefähr 134
unglaublich 30
Unglück 63
unglücklich 63
Universität 112
unmöglich 30
unruhig 63
uns 139
unser 140
unsere(r, s) 140
unter 96, 97, 148
unterbrechen 118
Unterhaltung 25
Unternehmen 108
Unterschied 29
unterschreiben 80
unzufrieden 64
Urlaub 108, 130
Ursache 60

V

Vater 15
verabscheuen 63
verantwortlich 32
Verbandskasten 124
verbieten 25
verboten 30
verbrennen 58
verbringen 41
vergessen 83

Vergnügen 62
verhalten 24
verheiratet 17
verlassen 129
verletzen 55
verliebt 61
verlieren 83
vernünftig 35
verrückt 35
verschieden 29
Verspätung 123
versprechen 26
verstecken 82
verstehen 26, 110
versuchen 111
viel 134
vielleicht 144
vier 132
Viertel 135
vierte(r, s) 133
vierzehn 132
vierzig 132
Vogel 92
voll 70
Volleyball 44
Volleyballspiel 44
völlig 29
Vollpension 129
volltanken 124
von 96, 148
von ... aus 148
vor 147, 148
vorgestern 102
Vormittag 99
Vorschlag 26
vorschlagen 26
vorstellen 22
Vorteil 61

W

wach 29
wachsen 47
Wagenheber 124
wahr 33
während 105
wahrscheinlich 32
Wald 92
Wand 87
wann 105, 140
warm 92
Warnblinkanlage 124
Warndreieck 124
warten 122
warum 141, 144
was 140, 144
Waschbecken 50
waschen 82
Wasser 50, 70
Wasserhahn 50
Website 118
wechseln 122
Wecker 98
weder ... noch ... 143, 146
weg 46
Weg 127
weggehen 128
weich 34
Weihnachten 116
weil 144, 146
Weile 104
Wein 71
weinen 64
weiß 36
weit 97
weiterführende Schule 110, 112
weitermachen 110
welche(r, s) 141, 144
Welt 90
wem 140
wen 140
wenig 134
weniger 134
wenn 145, 147
wer 140, 141, 145
werden 149
Werkzeug 87, 124
Westen 94
Wetter 93
wichtig 30
wie 140, 142, 143
wiederholen 26
Wiedersehen 22
wie viel 134
wie viel(e) 141
Wind 93
Winter 94
wir 139
wirklich 141
Wirklich? 26
wissen 112
Witz 41
wo 97, 140
Woche 100
Wochenende 100
wohin 97, 140
wohnen 84
Wohnung 84
Wohnzimmer 88
Wolke 93
wollen 138
Wort 25
Wunder 62
wunderbar 19, 31
wünschen 60
Wurst 67
Wut 63

Z

Zahl 132
zählen 118
Zahn 52
Zahnarzt 55
Zahnbürste 49
Zahnpasta 49
zehn 132
zehnte(r, s) 133
zeigen 128
Zeit 105
Zeitschrift 120
Zeitung 120
Zeug 85
ziehen 84
Ziel 108
Zimmer 87
zu 147, 148
zuerst 103
Zug 123
zuhören 23
zumachen 82
Zunge 52
zurückkehren 130
zurückkommen 129
zusammen 18
zusätzlich 33
zu viel 135
zwanzig 132
zwanzigste(r, s) 133
Zweck 108
zwei 132
zweihundert 133
zweitausend 133
zweite(r, s) 133
zweiundsiebzig 133
zweiundzwanzig 132
zwischen 96
zwölf 132

PONS

Die 1.000 wichtigsten Wörter Französisch
Grundwortschatz

Bearbeitet von: Anette Dralle, Dr. Christiane Wirth

1. Auflage 2018 (1,02 - 2019)

www.pons.de
E-Mail: kundenservice@pons.de

Projektleitung: Ursula Martini
Gestaltung: Petra Michel, Essen
Logoentwurf: Erwin Poell, Heidelberg
Logoüberarbeitung: Sabine Redlin, Ludwigsburg
Druck: Print Consult GmbH, München
Printed in Europe

ISBN 978-3-12-516165-8